評言社 MIL 新書

差別化を以て戦わずして勝つ

誇り高き企業集団ウエルシアの挑戦

池野 隆光
Takamitsu IKENO

003

評言社

まえがき

現在、ドラッグストアの総店舗数は2万店を超え、上位10社で71％の占有率となりました。店舗面積も年々拡大し、150坪以上の店舗が62・1％となり、大型化が進んでいます。その中でウエルシアは売上高において日本のドラッグストアの約10％以上（2019年）を占めており、業界のリーディングカンパニーと言えます。

日本の人口は平成22（2010）年をピークに減少しており、2020年からは世帯数も減少に転じると言われています。人口減少・少子高齢化社会の中、地域も企業も目標を見失っています。今までの人口増加を前提にした大量生産・大量消費時代のビジネスモデルはすでに終焉を迎え、企業は今日の社会ニーズに合わせた新しい価値を提供しなければ、生き残ることが難しい時代になっています。

私たちは社訓で「以差別化不戦而勝（差別化を以て戦わずして勝つ）」と表明しています。商品やサービスが差別化されていれば、激しい競争はかえって大きなチャンスになります。

差別化という点では、ウエルシアの店舗は70％が調剤併設店舗です。また、高齢者をはじめとする生活者が集う「ウエルカフェ」を展開している店舗、24時間営業の店舗もあります。夜間に薬や生活用品を必要とする多くのお客様がいらっしゃいます。ウエルシアには社会インフラを構成する一員として、人々が安心して暮らせる地域づくりをサポートしていく義務があり、それが私たちの社会的な使命だと考えています。

店舗に設置しているＡＥＤ（自動体外式除細動器）もその一つです。ＡＥＤをスムーズに利用するために、社員に対して講習会を実施しています。緊急事態がそんなに頻繁に起こるわけではないし、営業に直接影響するわけでもありません。しかし、「お客様が倒れたら絶対に助ける」という使命感を持った従業員を育てることが、じつは間接的に営業にもよい影響を与えるのではないかと考えています。

このほかにも、ドラッグストア初となる「地域包括支援センター」の運営やオストメイト対応トイレの設置、さらには、大学・自治体と連携したモバイルファーマシーの活用など、さまざまな取り組みを行っています。

さて、2020年の初めに中国・武漢で発生した新型コロナウイルス感染症の影響で生活様式や価値観が大きく変わり始めています。今、全業種にわたって経営上の不透明感があると感じています。ここで想定しておかなければならないのは、このコロナ騒動がいつか収まるとしても「元には戻らない」ということです。私たちドラッグストア業界でも、ウィズコロナに対応した売り場づくりや商品開発などが求められるでしょう。大変なときこそ業種を超えて乗り越えるための知恵を出し合い、取り組まなければならないと考えています。

ウエルシアがいちばん大切にしていることは、従業員とその家族を守ることです。そのうえで、地域の人々の暮らしをよくするために力を注ぐ人材を育てることが経営の基本ではないかと考えています。

「何のためにこの仕事をしているのか？」

「我々の存在価値は何なのか？」

仕事を通じて社会をよくしたいという考えがなければ、大きな変化に対応できなくなる可能性があります。

ウエルシアの挑戦はまだ始まったばかりです。

本書をきっかけに、ドラッグストアの今後のあり方について率直な議論ができれば、地域に役立つドラッグストアのあるべき姿が見えてくるのではないか、と思います。

池野　隆光

もくじ◎差別化を以て戦わずして勝つ——誇り高き企業集団ウエルシアの挑戦

第2章　健康を支えるウエルシアモデル

第3章　多角的な視点から新しいことに挑戦する

第4章　地域・大学・企業とコラボする

第5章　誇り高き企業集団を目指す

第６章　我以外、皆我が師なり

第1章

ドラッグストアにおける差別化とは何か

ウエルシアの社訓

2012年9月1日、同年4月に行われたグローウェルホールディングス株式会社の東証一部上場を機に、「さらにブランド力を高めていこう」という意思の下、社名をウエルシアホールディングス株式会社に改称しました。今、日本中で目にしていただいている「ウエルシア」という屋号は社名変更前から用いられていましたが、それも21世紀に入ってからで比較的最近のもの。まだまだ歴史の浅い社名です。

私たちは※グローウェルホールディングス株式会社発足当時（2008年9月）から、あるいは合併してきた個々の企業が生まれた当時から、それぞれお客様と丁寧に接し、よりよい商品を提供していこうと努めてきました。看板を替えたから、屋号を変えたからといって、中身がガラッと変わるというものでもありません。本質的には、お客様にとって、ウエルシアも他社の店舗も同じ「ドラッグストア」なのです。

※ウエルシア関東株式会社（現在のウエルシア薬局株式会社）と株式会社高田薬局が株式移転により共同持株会社を設立、経営統合した。

ウエルシアと他のドラッグストアは、看板以外にどう違うのか——。

コンビニエンスストアでいえば、ローソンの看板をセブン-イレブンのそれに替えても、店内に入ったお客様はもしかしたらその違いに気づかないかもしれません。小売業というのは、店があり、商品があって、店員がいる。その形態は本質的に変わらないものです。

しかし、店舗内にある商品の選択であったり、接客の姿勢や手法であったり、小売のディテールは企業によって違ってくるものです。特に「接客」は明らかに違ってきます。だからこそ、ここを他社に真似されないものに(差別化)していかなければ、あっという間に競争の波に飲み込まれてしまうのです。

もちろん、接客以外のディテールも同様です。商品の選び方や売り場の作り方、店舗でのサービス内容など、さまざまなことを工夫していかなければ、それまでに築いてきた実績やイメージはすぐに吹き飛んでしまうことでしょう。

「差別化を以て戦わずして勝つ」

これは当社の社訓です。2014年に亡くなった前会長・鈴木孝之が中国の古典から引用し、経営の哲学としていたものです。漢文で書けば「以差別化不戦而勝」となります。

私たちは、調剤業務部門、化粧品などの美容部門において、あるいはその他、店舗のすべての機能で差別化を行っていこうという意思を貫いています。商品の差別化、接客における差別化、店舗機能の差別化、あるいは店舗の構造による差別化など、ありとあらゆる部分で差別化できるものをつくりたいと考え、果敢な挑戦を大切にしてきました。

「差別化」という戦略が先にあったわけではありません。厳しい競争の中で選ばれる店舗となるためには、すべてにおいて差別化を推進していくという発想と行動を取り入れざるをえなかったのです。看板の違いだけでなく、店舗内でも、お客様に〝違い〟を感じていただける店づくりを懸命に続けていたからこそ、世の中の成長と同じように成長路線に乗り、今日の場所にたどり着いたのだと考えています。

「差別化」とは何か

差別化にはいろいろな切り口があります。他社とは全く異なるような売り場をつくることも差別化ですし、品揃えに工夫を凝らすことも差別化です。接客やサービス内容、立地など、店舗を構成するあらゆる要素に差別化を検討する余地があります。

そうしたさまざまな切り口の中でも、店の見た目の差別化を行うことができれば、お客様からはひと目でウエルシアを認識してもらうことができるようになります。これは効果的ではありますが、しかしこれがいちばん難しい。したがって、そうした大きな違いを生み出すよりも、ふだんの店舗運営におけるさまざまな要素を、一つひとつしっかりとやっていくことが大切なのです。

ドラッグストアという業態では、長い間「H＆BC」というフレーズの下、ヘルスケア（H：健康）とビューティーケア（BC：美容）が基本とされてきました。しかし今日では、「H＆BC」にとどまらず、日用品や食品なども扱うようになりました。

個々の商品の特徴・個性をどのようにお客様へ伝えていくのか。まず、この「伝え方の差別化」がとても大切です。そのためには、あらゆる領域、あらゆる商品のカウンセリングができることが前提になります。そして、それができる専門性の高い従業員を育成していくことが差別化の大きな要素となります。

あわせて商品そのものの差別化も、もちろん大切です。従業員が自信をもっておすすめできる商品を揃えることで、初めて効果的なカウンセリングが可能となるのです。医薬品や化粧品だけでなく、健康関連商品、日用品、生活雑貨、あるいは食品に至るまで、いかに他社、他業態と違う特長を出せるかどうか、これが大きな差別化を生む要素になるのです。

地域の5番手からトップクラスに

ウエルシアが今日の地位を築くまでには、差別化だけではなく、経営面でも大切にしてきたことがあります。

ウエルシアはスタート地点では大きな会社だったわけではありません。私は小さな会社があれよあれよという間に大きくなり、そして日本一に上り詰めるまでを経験しましたが、最初から「トップになろう」ということを目標にしていた会社ではありませんでした。それは今もそうで、日本一のドラッグストア企業になろう、日本一であり続けようということを目標には置いていません。では、当社はなぜ大きくなってきたのでしょうか。

ウエルシアは、企業としての歴史も浅く、急激に進化成長を遂げてきたいわゆる「成り上がり」的な企業です。ウエルシアの元となった薬局はすべて、関東近郊の限られたエリアでそれぞれ努力を重ねていた小さな企業でした。それが束となり、売上高が1兆円となるような企業へ育ってきたわけです。その背景の一つには、時流に乗ったということが大きな要因としてあげられるでしょう。

ドラッグストア業界には以前からマツモトキヨシというとても大きな企業がありました。スーパーマーケット業態にもいろいろと大きな企業があり、ホームセンターも同様です。けれど私たちは、そのどこかの企業を目標にしたり、「あの企業のようになりたい」と考えることはありませんでした。ただ私たちは、お客様の期待に応えるということを大切にして、時流に乗った経営スタイルを求めて同じ旗の下に集まるうちに、結果として規模が拡大していったのです。

ウエルシアを作り上げたもともとの企業は、それぞれ創業時から地場で医薬品や化粧品を販売したり、さまざまなことに取り組んできました。どの会社のどの取り組みが正しかったということではなく、いろいろな工夫をしていた各社が合併しながら、会社の方向を共に考えながら決めてきました。

集った各社はそれぞれ、最初は地域の一番手でさえありませんでした。三番手、四番手、もしかすると五番手ぐらいの小さな会社だったところもあります。そうした会社が集まって、ドラッグストアというビジネスモデルの創造に真摯に向き合ったのです。さらに、先を見据えて、調剤併設型のドラッグストアに変わっていくことがお客様の信頼を高めることにつながるという信念で、新しい業態を推進していきました。

このように、つねに自社オリジナルのビジネスモデルを模索し続けてきたのであり、どこかの企業を目標に置こうとしてきたわけではありません。従業員一丸となって「あんなふうになるぞ！」と目指すような理想像もありません。むしろ、右往左往しながら、そのつど、目標を決めて今日までやってきたというのが正直な感想です。

目標を決める際には、会社の状況を数字に変えていくと誰の目にもわかりやすく可視化されるので、売上目標を3年ぐらいで立てていきます。ただし、その数字を部門ごと、エリアごと、店舗ごとなど、あまりに細かく設定してしまうと、誰か一人が背負う荷物が大きなものになってしまうので、できれば目標はざっくりと決めます。一人ひとりの従業員の中に「こういうことをやっていくといいんだよね」というコンセンサスが生まれてくれれば、それがいちばんよいのです。

新参者の言うことに耳を貸す

会社を経営するうえで重要なことは財務・経理ですが、これと並んで重要だったのは、自分の考えに固執せずに柔軟であり続けるという意識面での変容でした。

合併するということは、店舗が増える、売上が増える、社員数が増えるというだけではありません。合併で最も大事なことは「違う風土を取り入れる」ということです。今でも思うことですが、合併をせずに、もし単独の企業がここまで大きくなったとすれば、今日のウエルシアが持っているような柔軟性は決して発揮されることはなかったでしょう。

一つの企業がどんどん成長して大きくなった例はたくさんありますが、こと「柔軟さ」という点でいえば、ウエルシアはそうした企業の中でも、とくに優れているのではないかと思います。もしその柔軟さが欠けていたら、今日のスケールを誇るウエルシアには成長できなかったことは間違いありません。

2002年、私が率いていた株式会社池野が合併〈相手は株式会社グリーンクロス・コア。同社は株式会社グリーンクロスと株式会社コアが合併して設立された会社〉して、最初の大きな会議のときのことでした。

私は、自分の会社よりも大きな組織の会議に出席するのは初めてでしたから、どんなものかと興味津々でした。いざ会議室に入ってみると、そこには体験したことのない不思議な光景が広がっていたのです。テーブルが2列に並び、どういう席順なのか、メンバーが固まって座っています。

これはどういうことかと確認すると、どうも旧グリーンクロスの社員と旧コアの社員がそれぞれ島をつくって座り、幹部同士が対面するようになっていました。まるで対決するかのような険悪なムードすら感じられるものでした。

そこで私は、これまでの人間関係に明るくないことをあえて逆手にとって、すぐに社長の鈴木孝之さん（後のウエルシアホールディングス㈱会長）に提案しました。

「鈴木社長、おかしいですよ。出席順に並べばいいのに。これでは会議になりませんよ」

普通なら「こういうやり方でやってきたから」と、小さな会社から来た新参者の言い分など突っぱねてもおかしくないその状況で、鈴木さんは

「そうだな。次からはバラバラに座ってやることにしよう」

と、いともあっさりに従来の慣習を変更。社長の鶴の一声で、次回からは実際にバラバラに座るかたちで会議が行われるようになったのです。そして、この日から内部での混乱や言い争いも少なくなっていきました。

合併することは異なる風土を受け入れること

合併というのは、さまざまな価値観を持った人々が一つの旗の下に参集するという

ことです。私たちは、合併でなくても、他社から中途で入ってきた多くの従業員に対しても、「固定的な観念（この会社のやり方）を植え付ける」ということを行ってきませんでした。

結果としてウエルシアには、多様な経験、多様な考え方をした人間が数多く集まり、さまざまな意見を戦わせてきました。だからこそ、局面によっては打つべき施策、取るべき行動が急変することも珍しくありませんでしたし、おのずと会社はそのつど、柔軟に変わらなければなりませんでした。それが結果として、他社にないウエルシアらしさを生み出し、他社との差別化につながったのだと思っています。

他の企業と合併することで、「自分の知らないことをたくさん知っている人が入ってくる」「その人たちの価値観を、新しい会社の中で生かしていこう」――柔軟に考えることができたお陰で、私たちは多様性を生み出す視点を獲得していくことができたのです。

例えば、合併した会社から部長職の人が新しく加わります。当然、部下である課長以下の社員も一緒です。そうすると、今までの会社にはなかった価値観の人がリーダーとなり、新しい考え方の下で行動できる部署が生まれることになります。そして人事異動のたびに、そうした部署と既存の部署の人員がシャッフルされ、人材の多様化が進んでいきます。人が混ざり、柔軟に会社が変わっていくというのは、非常に面白い現象でした。

もう一つ、興味深いことがありました。合併で大きな会社と小さな会社が一緒になると、小さな会社のほうがかえって無駄が少ないことが多いのです。そこで、私たちは「大きいほうが小さいほうの真似をしよう」と考えました。そうすることで、失っていた感覚をよみがえらせて、あらためて無駄を省き、そして「一緒にやっていこう」という意思を皆で共有できるようになりました。

ウエルシアが日本一のスケールにまで成長できた最大の要因は、単に合併で店の数や人の数を増やしたからというだけではなく、そんなふうに異なる風土を受け入れ続けてきたことにあることは間違いありません。

合併して大きな仕事を！

ドラッグストア業界では、合併の話は珍しくありません。企業を率いる立場からすれば、合併したほうがいいと言われても、なかなか踏み切れないでいる人も多いことでしょう。私がドラッグストアを創業した当時は、この業界では合併という経営統合が進んでいる時代ではありませんでした。

その頃、私はＡＪＤ（オール・ジャパン・ドラッグ）というボランタリーチェーンに加盟していました。ボランタリーチェーンというのは、ドラッグストア企業が加盟し、資金を出し合ってＰＢ商品を開発していくなどの協力をし合う組織です。

ある日、同じボランタリーチェーンに在籍している近隣の会社、つまりライバル関係にある会社が一緒になろうと言ってきました。最初、私は「なんて変なことを言うんだろう…」と首をかしげました。

しかし、何度か話をしていくうちに、「小さい会社のままでは社員がかわいそうだし、どうせこの商売をするなら５０００億とか１兆円規模にするという夢を持ったらどうだ！」と提案されました。

「合併すると無駄に力を入れていたことがわかるし、最終的に社員が喜ぶんだよ」

もう18年も前の話ですが、まだ人口が増加している時代で、合併や吸収という話は少ない時代でした。それが、現在1兆円に手が届くようになるとは、正直夢にも思いませんでした。今振り返って思うことですが、そのとき、私が自社のみにこだわっていたら、社員のモチベーションや働き方はどうなっていたでしょうか。

これからは人口減少とともに超高齢社会が続いていきます。特に急激な人口減少の中、社員が今のままでよいのか、私たちがもっと地域貢献のためにできることは何かを考える時がきています。

あらゆる企業にとって将来設計の描きにくい不確実な時代が到来しています。だからこそ当社は、ＳＤＧｓ（持続可能な開発目標）の考えを前面に出した経営にチャレンジしていくのです。

小さい会社のほうに合わせる

私が経営していた株式会社池野が合併したとき、合併の順番として、グリーンクロスとコアの2社がまず合併して株式会社グリーンクロス・コアになり、その後に株式会社池野が一緒になりました。

合併したときには経理の大切さを痛感し、会社が大きくなる秘訣を知りました。小さな会社では、どうしても経営者の個人の財布と会社の財布が混同されがちになってしまいます。しかし、合併した会社では、そういうことは許されません。

合併前の経理では、個人と会社を区別しているつもりでしたが、やはりどこか甘さがあり、他人にチェックしてもらわなければなりませんでした。しかし、大きな会社では、甘さを徹底的に排除し、どんぶり勘定になる前に一つひとつチェックすることで、数字を正していくわけです。

合併後は在庫の数え方も徹底していきました。実際の店舗運営だけを考えれば、在庫が150個でも100個でも、企業運営上はそれほど変わりありません。「店舗はきちんと回っているだろう」となりがちです。しかし、経営を正していくということは、そうではないのです。一つずつ、小さな数字にこだわっていかなければいけないということを、合併を通じて学びました。

また、コアを率いてきた小関典旦さんとグリーンクロスを率いてきた鈴木孝之さんは、対照的な経営感覚の持ち主でした。ローコストオペレーションを徹底的に追求する小関さんと、泥臭くても利益に対して真摯に向き合う鈴木さんのスタイル、その方向性はしばらく融和できないようでした。しかし、そこに第三の会社として株式会社池野が入ったことで、だいぶ落ち着いたように思います。2本の柱では安定さが欠けていたのが、もう1本の柱が加わることで3本柱となり、軸足がしっかりとしてきたのです。

合併後しばらくは屋号もバラバラで、仕入も各社独自に行っていました。社風が違うことで戸惑う場面もかなりありました。また、その頃の私は、別に違っていてもいいと考え、無理に合わせない、それぞれがそのままでいることが大切だと思っていました。それは結果として「すべてを大きい会社に合わせる」という無理をしなかったという点で、非常によかったと考えています。

20人対2人の打ち合わせ

経営を統合して会社を回していくにつれて、徐々に、意思を統一したほうがいい場面が増えていきました。そこで私たちが考えたのは、「大きいほうに合わせるのではなく、いいほうに合わせよう」ということでした。会社が大きくなれば無駄もたくさん出てきます。規模が小さいほうが効率がいいということも少なくありません。

もし、今のウエルシアがどこかの企業と合併しようという話になれば、財務・商品・営業・広告など、各部門から20人ぐらいが先方へ赴いて打ち合わせをしなければなりません。ところが、相手先の担当者は2～3人ぐらいだったりします。やはり打ち合わせに20人で行かなければいけないのはおかしいわけです。ウエルシアは昔に比べれば大きな会社になりましたが、「なんでそんな非効率なことをするんだ?」ということが増えてきた気がします。

そこで私たちは原点に帰り、合併するたびにそのような非効率な点を修正し、仕事上の難しさを解消するように努めています。このとき大切なのが、「小さいほうをよく見て、相手のやり方が優れていればそちらを採用する」ということです。合併の話し合いをするときには、「相手をよく見て、学んでこいよ」と言っています。

違和感をおぼえたら提案すべし

これまで一緒になってきた会社で、いちばんきちんとしていたという印象があるのは「寺島薬局」です。ウエルシアが学ばなければいけないことがたくさんありました。実際、ウエルシアが寺島薬局から学んだことは多かったし、寺島流に変わっていったこともあります。今もウエルシアの中には、彼らから学んだ社員が数多くいます。合併する相手企業からもさまざまな学びを得るという姿勢はじつに素晴らしいことだと思います。

合併すると、いろいろな社員が入ってきます。その中には前の会社のやり方のほうがよかったと違和感を持つ人もいます。

そこで私がよく言っていることは、

「その違和感のあることを変えるために、あなたたちがいるんだ」

「違和感をおぼえたら、言ってくれないとウエルシアがよくならないんだ」

ということです。

違和感を胸に秘めたまま、自分は吸収された側だからという心情で押し黙っていては会社は変われないし、社員も皆不幸になってしまいます。

チラシのことでも仕入のことでもいい、変えて良くなることがあれば、すぐにでも変えていく。もちろん、自分の思いと全員の思いが必ずしも100パーセント一致するわけではないので、言ったことがすべてかなうというわけではありません。けれども、変えて良くなると提案された内容に対しては、社長を中心に、可能かどうかを真剣に議論しているのです。

仕組みを変えていくことにはなんの躊躇もありません。その気概がなければ、合併する意味などないのです。

「合併は相手企業に合わせる」は、わが社の方針と言えます。

第2章

健康を支えるウエルシアモデル

四つのウエルシアモデル

少子高齢化が進み、これまでの人口増加を前提としてきた小売業の成長モデル、すなわち出店すればした分だけ売上が伸びるといった成長ありきの経営スタイルは過去のものになってしまいました。

そうした中で、多くの小売企業は従来の経営スタイルをあらため、コストを削減して薄利多売型のスタイルに転換するか、あるいは高単価の高級路線へ転換するか、そのどちらかへのシフトを選んでいるようです。

薄利多売型とは、商品1点当たりの利益を削ってでも多くのお客様に来店してもらい、なるべくたくさん買ってもらうことでトータルの利益を確保していくものです。また、高単価・高級路線とは、商品そのものの付加価値を高めて、それまでよりもお客様が少なくてもビジネスが成り立つように工夫することです。

ウエルシアではそのいずれの路線も良しとは考えていません。価格だけではなく、他社との差別化を可能にするさまざまな価値を多くのお客様へ提供していく。その両方の実現を目指しています。そこで「調剤」「利便性（深夜営業）」「カウンセリング」、そして「介護」の四つの柱を軸とした『ウエルシアモデル』を設定しました。

健康をトータルでサポートする薬局のかたち

ウエルシアモデルは最初、「調剤」「深夜営業」「カウンセリング」の三つの柱からスタートしました。調剤併設型の店舗づくりを進めたのは、先代の鈴木会長が「どうしても調剤をやりたい」という思いを強く持っていたからでした。私は当初、「調剤は儲からないからやめよう」という立場でした。しかし鈴木会長は「アメリカを見てみろよ、調剤のないドラッグストアは果たしてドラッグストアと言えるのか？」と訴え、処方箋が集まらない時期から実直にそれをやり続けようと、調剤を当社の柱に据えてきました。

ドラッグストア業界の潮流を見ると、マツモトキヨシがビューティケアのカテゴリーで注目を集め、杏林堂のようなハイパワー企業も出てきました。もちろん、私たちも他社のそうした良いところを勉強させてもらい、ウエルシアでもできることをしっかりと実現し、売り場を展開してきました。しかし、調剤については手本にできるような企業はなく、自分たちでやるしかなかったのです。

正直なところ、調剤部門は長らく低迷期が続きました。鈴木会長は「ドラッグストアは調剤の待ち時間を利用して、必要な商品（日用雑貨、食品など）を買ったり、化粧品を見て楽しんだり、貴重な時間を使うことができるんだ」と話し、調剤事業の重要性を強く認識していました。

しかし、世の中の薬局が病院やクリニックの側に店舗を立地し、マンツーマンでその医療機関の処方箋を扱う「門前薬局」を中心に展開する中、私たちはそのスタイルをあえて選びませんでした。もちろん、門前薬局をやる機会は何度もありましたし、他社のそうしたスタイルの薬局には処方箋も集まっていました。それでも私たちは「門前」に傾倒しませんでした。

ドラッグストアが地域の健康を支えていく役割を担うと考えたとき、薬は健康を支える一つの大きな医療的手段です。私たちはお客様、患者さんによりよい健康への提案をトータルで行いたいと考えています。だからこそ処方箋調剤が中心になる門前薬局には向かわず、「面分業」を確立していこうと戦略の方向性を定めてきました。

※面分業とは、医院を限定せずに広い地域から処方箋を受けることをいう。一方で、点分業は、主に一つの医院から処方箋を受けることをいう。

地域で患者さんを支える面分業

当時、私たちが面分業にこだわってきた思いは、地域の人になかなか伝わりにくかったと思います。しかし、社内の方向性は明確でした。私たちが描く調剤事業を推進するためには、誰かに気兼ねする必要など全くありませんでした。良さそうな立地の物件があったとしても、門前であれば逆にお断りしました。その姿勢は今でも変わることはありません。私たちは一貫してさまざまな医療機関を受診する患者さんの処方箋を総合的に取り扱い、多角的に健康をサポートするドラッグストアとしての「面分業」にこだわっています。

正直なところ、患者さんがどの医療機関の処方箋を持ってくるかわかりません。ある医療機関の処方箋を持ってきた人がいたとしても、その人がずっと同じ医療機関を受診するかどうかわかりませんし、当社の薬局をリピートしてくれる保証もありません。でも、処方箋に記載される薬剤は仕入れておく必要があります。たまに来局された患者さんのために商品を仕入れる場合、仕入のパッケージが大容量だとすると、10錠だけ使い、あとは日数がたって廃棄せざるをえなくなるリスクもあります。処方箋応需枚数に対して薬の在庫が多いということがあっても、あくまで「面」で受け続ける。その覚悟は今でも揺らぎません。

このように調剤事業を柱に据えつつ、健康を総合的に提供する店舗として育てていくためには、薬剤師の存在が極めて重要です。地域の医療を担っていくには、その専門家がいなければなりません。鈴木会長は薬剤師をとても大切にし、薬剤師が店舗にいることに大きな価値を見出していました。

通常、医師はもちろん、看護師、理学療法士、作業療法士などの医療者は病院の中にいますし、院内処方の場合は薬剤師もいます。しかし、薬剤師の多くは人々が暮らす地域の中で薬局という店舗にいます。ですから本来であれば、お客様が健康なときから、なんでも相談できる身近な医療従事者でなければならないのです。鈴木会長はアメリカのドラッグストアを見て、調剤事業と薬剤師の重要性を感じていました。その考え方をずっと継続してきたからこそ、今があるのだと思います。

薬剤師の仕事は調剤だけじゃない

ウエルシアでは地域の実状に合わせて、薬剤師が職能を発揮できるようにするための環境整備も行ってきました。在宅医療への対応や無菌調剤室の設置もその一例です。食事が摂れない患者さん向けの高カロリー輸液や、医療用オピオイド（麻薬）の調剤に用いる無菌調剤室は、非常に高価な設備です。しかし、これからは自宅で療養しながら高カロリー輸液や医療用オピオイドを必要とする患者さんが増えてきます。そのために、地域の人たちに使っていただける

無菌調剤室（注入後の混合作業）

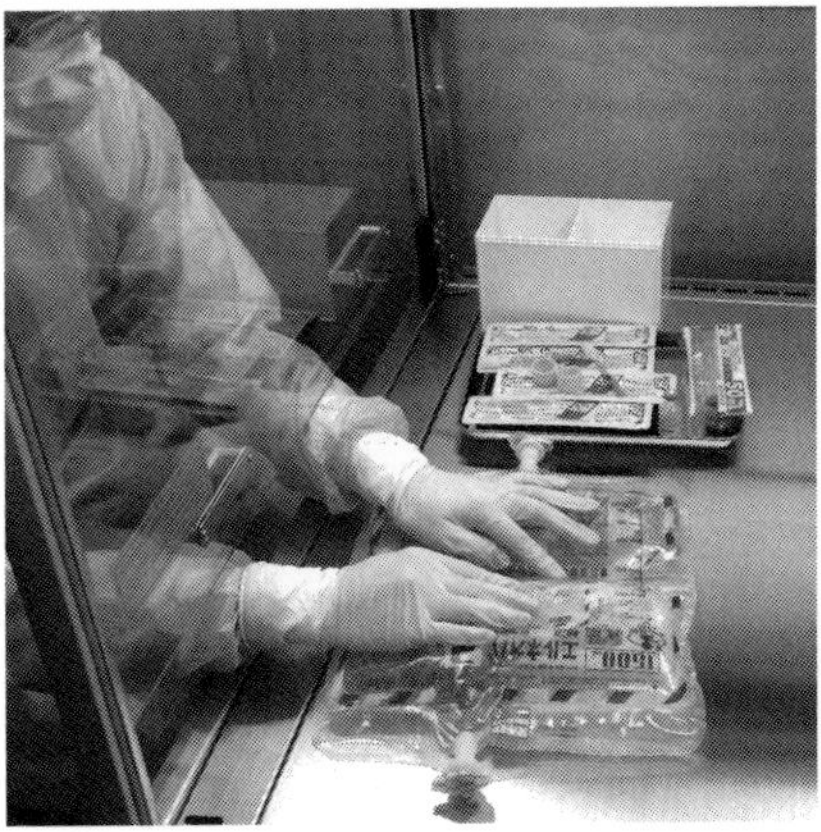

ような無菌調剤室を用意しようと、今、各地でその準備を進めています。地域の必要な人々に無菌調剤の薬が届くよう、他の薬局の皆様にも共同利用していただくことで、地域の医療に貢献できないかと考えています。

調剤業務というのは、じつは薬剤師が担うべき役割の一部分でしかありません。「患者さんの健康状態を良くしていこう」という目標を明確に意識していなければ、全体的なケアに目が届かず、どうしても処方箋調剤にだけ集中してしまいます。薬剤師には、その患者さんの生活の質を良くしていく、あるいは患者さんが薬によってどう良くなっていくのか、そういうところにも目を向けてほしいと思っています。

同時に、店舗の外側にいる医師ら医療スタッフからの情報も貴重です。他職種連携をもっと積極的に機能させていくためには、薬剤師が調剤だけしていればいい時代ではないと感じています。

包括的に生活をサポートする

2016年に「かかりつけ薬剤師」の制度が新設されました。一つの薬局で患者さんが服用している医療用の薬やＯＴＣ薬の情報を管理し、飲み残しや重複投与があれば指導を行い、また緊急時の相談窓口としても対応するという、薬剤師の本来あるべき姿に向けた方向性が明確に示されました。

ドラッグストアでは、調剤は店舗全体のサービス構成の中に包括されています。ドラッグストアというのは生活をサポートする部分が圧倒的に大きいので、健康な暮らしを地域でサポートする街の身近な医療従事者として、薬剤師が存分に職能を発揮し、活躍することを期待しています。薬剤師だからと調剤業務に固執するのではなく、ＯＴＣ薬や化粧品、サプリメントを提案していくことも大切なことです。

今、薬剤師に求められる役割は、10年前と比べものにならないほど大きくなっています。ウエルシアでは、薬剤師に対する入社後の研修については階層別・機能別にさまざまなメニューを用意しています。同期入社の薬剤師が早い段階でお互いに切磋琢磨していくことで、質の高い薬剤師の育成を目指しています。

ウエルシアの社内には、調剤部門以外にも、いろいろな部署に薬剤師がいます。経理、教育、営業、商品部など、ほとんどの部署で薬剤師が活躍するようになりました。

特筆すべきは「ウエルカフェ」です。第4章で詳述しますが、店舗の一部に設けたウエルカフェというブースを利用した健康測定や健康講習活動は、地域にとどまらず行政からも高い評価を受けています。近年では、薬学教育6年制によって薬剤師の臨床教育が拡充されているようですから、今後の活躍を期待したいところです。

このように、会社として、薬剤師という専門資格者でありながらも、他の分野にも取り組める環境をつくることが大切です。今後もいろいろなことに挑戦させようと思っています。そして、調剤を軸に、薬剤師が職能を多面的に発揮し、地域の皆様の健康に貢献していけるような企業へと、力強く成長させていきたい。それがウエルシアモデルの一つの柱です。

売上につながらずとも

ウエルシアモデルの二つ目、三つ目の柱は「深夜営業」と「カウンセリング」です。ウエルシアでは多くの店舗で24時間営業を行っています。これは、深夜営業で儲けるという話ではありません。私たちは地域の人が困ったときに「あっ、ウエルシアが開いている」と思い出して、安心してもらえる。そのために深夜営業を続けているのです。深夜営業や24時間営業については、深夜にウエルシアに灯りがついていて、そこに専門家がいれば、地域の防犯としても健康ステーションとしても貢献することができます。

24時間営業を始めたきっかけは、医師からの声でした。「病院、診療所やクリニックの医師は24時間365日急患を受け入れているが、薬局は9時から18時までの営業だけで、土日祭日も休んでいる。それで医療人と言えるのか」というのです。また、夜中にちょっとしたことで救急車が使われるケースも多く、非常に困っているということでした。そこで一つの地区で1店舗24時間営業を行い、「救急車の出動回数を減少させよう」という取り組みとして、深夜営業を始めたのです。

また、そうした利便性だけではなく、カウンセリング機能を持つ専門家が24時間、地域で対応できるという高度な利便性を提供したいと考えています。

こんなケースもありました。それまで医療用でしか取り扱われていなかった解熱鎮痛薬のロキソニンがＯＴＣ薬にスイッチされた際に、夜中に高速道路を使って買いにきたお客様がいらっしゃいました。家族がネットで探したらウエルシアにあるとわかり、車を飛ばして来店されたそうです。

現代の小売業では深夜営業がさまざまなかたちで問題視されていますが、私たちはお客様に安心をお届けすることを大切にしていきたいと考えて深夜営業を行っているのです。繰り返しになりますが、深夜営業は儲けとは関係ありません。地域の人が困ったときに、「ウエルシアが開いてる！」と安心してもらえる。そのために深夜営業を続けているのです。

「手の内」は隠さない

24時間営業、深夜営業だけが利便性ではありません。利便性、コンビニエンス性というのは、何をもってそう定義するのか難しいところがありますが、お客様にとって「地域にこんな店があったらいいね」ということを第一に考える。そうすることで、お客様にとっての利便性を提供できるのではないかと考えています。

地域の人が体調を崩したときに、ＯＴＣ薬だけではなく、食品があって、サプリメントもあり、日用品も豊富に揃っている。そして、夜遅くまでやっている。お客様にとってそれがいちばんいいことですし、企業としてこれを実現することはそれほど難しいことではありません。

ウエルシアでこのコンビニエンス性を実現しようと考えたとき、経営コンサルタントの有田英明先生に指導を受けました。有田理論は非常に明確です。私たちが今日あるのは、有田先生の指導のおかげといっても過言ではありません。

有田理論の第一章は「常にお客様が主語」というもので、わが社のバイブルとなっています。そして、私たちはそのモデルを内に秘めておこうとは思っていません。

例えば、取引先の方と一緒に売り場をつくる際には、バイヤーが「ウエルシアの陳列はこうなんだ」ということを取引先の担当者に一つずつ説明するようにしています。これはなかなか他社には真似できないことだと思います。もちろん、取引先の担当者に対して、バイヤーがしっかりと売り場づくりの意図を説明できなければなりません。

こうして「手の内を明かす」ことをやっていくと、メーカーや卸に「ウエルシアの担当になると勉強になる」という人が増えていくのです。

社員一人ひとりが商品の陳列という具体策を示して、ウエルシアの売り場はこうした意図をもって、お客様の利便性を実現しているのだと述べることができる。これが、ウエルシアモデルの大きな強みの一つとなっています。

カウンセリングはプロフェッショナルの技

「カウンセリング」もウエルシアモデルの重要な柱です。ドラッグストアでカウンセリングといえば、薬剤師の働きが真っ先に思い浮かぶ人が多いかもしれません。先ほど紹介したように、当社では薬剤師を調剤業務だけに縛りつけておくのではなく、OTC薬販売や健康食品、あるいはビューティケア商品など、さまざまな商品群の販売を通じてお客様に接してもらっています。

「治療」にとどまらず、「未病」「予防」「介護」など、さまざまな切り口から薬剤師として専門性を発揮してもらい、店側からの提案があふれる「専門総合店舗」の実現に努めています。

これらの専門性を持った業務では、薬剤師だけでなく、登録販売者や管理栄養士など多くの専門スタッフがチームを組んで、お客様の相談に応じています。

例えば、ドラッグストアにとって大きな位置を占めるビューティケアの売り場では、ただ商品が並んでいるだけでは、いかに化粧品のパッケージが美しくても、お客様は魅力を感じません。これでは購入の機会が減ってしまいます。また、そこにファンデーションの使い方がわからないスタッフがいても仕方がありません。ウエルシアでは、かなり早い段階から美容部門を担当するスタッフに徹底的に教育を行っています。美しくあることは、今では男性にとっても女性にとっても生涯の願望です。健康と美容を大切にするウエルシアとしては、ぜひこの願望をかなえるお手伝いをしたいのです。

そのためには商品が揃っていることが大事なのではありません。お客様の目線に立って、商品をどう使ったらいいのかといった悩みや疑問を専門的な知識と技術で提案できる、カウンセリング力にあふれたプロフェッショナルがいることが大切なのです。お客様の属性や個性、環境、そしてＴＰＯに合わせた化粧品の使い方、そうしたきめ細かなアドバイスができる力が、ウエルシアの「カウンセリング」力を生み出していくのです。

プロフェッショナルとしてつねにお客様に寄り添い、日常の些細な相談事にも丁寧に対応していく。ウエルシアは「カウンセリング」も柱の一つとして「専門総合店舗」を実現していきます。

介護でこれからの時代をリード

ウエルシアモデルに「介護」が加わったのは、2008年に寺島薬局がグループに参加してからのことです。同社は1999年には、商品の販売だけに依存しないドラッグストアの確立を目指し、いち早く介護事業に乗り出していました。超高齢社会を迎えた今日、同社の取り組みを見て、ドラッグストアは地域の中で介護の面でもステーション的な機能を果たしていかなければならないと感じました。

ウエルシアが目指すのは「地域の〝困った〟を救っていく」プラットフォームになることです。そのためには、介護への貢献を避けて通ることはできません。今後10年、在宅での療養はさらに加速していくことが予想されます。当社としては在宅調剤での貢献はもちろん、在宅推進部を通じた自宅療養での多岐にわたるサポートや訪問入浴、介護付有料老人ホーム「ウエルガーデン」の運営、ウエルシアハウスのような地域包括支援センターなど、多角的な取り組みによって、高齢者とともに豊かに暮らしていく社会の実現をサポートしていきます。

介護は、する側もされる側も、それぞれ置かれた環境によってニーズが大きく異なります。各種介護施設の利用者や家族からは、サービスに対してさまざまな要望をいただいています。サービス内容に関することはもちろん、介護機器・物品の提供に関することなど、従業員はお客様から教えていただくことが多々あり、学びに満ちた日々を送っています。

薬剤師は調剤、介護スタッフは介護と縦割りで考えることなく、それぞれの領域で専門性を高度に発揮しながら、横の連携も生かして、充実した介護サービスを提供していく。介護の重要性は、当社にとってこれからますます大きなものになっていくだろうと考えています。

リアル店舗でなければできないこと

これからの大きな課題の一つに、今日的なテーマとして「通販」があります。

私たちはリアル店舗を中心にビジネスを行っている企業ですが、正直に言って「こうすれば通販に勝てる」とか「実店舗は通販より便利だ」という確かな答えを持っているわけではありません。また、実店舗の運営ほどには通販事業に対する経験や確立した見通しも得られていませんから、「ウエルシアも通販をやるから大丈夫だ」と強く言える自信はありません。通販での売上を高く保てる自信もまだありません。

今後、通販事業に対して、どのように向き合い、それを受けて実店舗をどう運営していくかということは、私たちにとって大きな経営課題の一つであり、ここでも柔軟に変わっていかなければならない局面が訪れるかもしれません。

実店舗にはまだまだ工夫の余地が山のようにあります。その改善と工夫を続け、やり方を変えていくことで、ある程度の売上を保っていくことはできるだろうと考えています。

今後、インターネット環境がどれだけ発達しようとも、リアルの店舗が決してなくなるわけではありません。リアルの対面ビジネスに必要なものを探し、それを提供し続けていくという姿勢に変わりはありません。特にヘルスケア、介護に関する分野は、通販だけでは難しい「個人のお困り事」を抱えています。超高齢社会を見据えたとき、じつは大きなチャンスが目の前にきているのです。

高齢化は今後も進んでいきます。70～80歳の高齢者がパソコンやスマートフォンを駆使して買い物をするようになるだろうかということを思うと、ネット通販とは違う〝隙間〟に価値が生まれてくるのではないかと考えています。そのためには、ネット通販の弱点を探すのではなく、自分たちのやり方を変化させながら、次の一手を考えなければなりません。

ある商品をアマゾンで扱ってもらえば売れるかもしれませんが、送料等を考慮すると、今の構図ではまったく利益になりません。当社でもネット上のショッピングモールに出店して販売を行っていますが、率直に言って、それだけではモールを提供しているポータルサイトがいちばん有利になる状況です。

それではダメなのです。アマゾンはどんどん伸びていますが、消費のすべてをカバーしているわけではありません。ネット通販がどれだけ盛んになっても、それだけでみんなが幸せになれるかといえば、そんなことはないでしょう。

だからこそ、消費者が直接商品を選び購入できる通販にはない〝幸せ〟を探しにいかなければなりませんし、それを実現するために、私たちは変わり続けなければならないのです。改善と工夫の余地は山ほどあるのです。

第3章

多角的な視点から新しいことに挑戦する

《カプセル》

会社と従業員が価値観を共有する

ウエルシアは企業理念として「お客様の豊かな社会生活と健康な暮らしを提供します」と掲げています。

また、事業方針でもある「調剤併設」「深夜営業」「カウンセリング」「介護」のウエルシアモデル（四大方針）とともに、当社が柱に掲げているサービス指針があります。

それは、「接客」「クリンリネス（清潔さ）」など、おもてなしの気持ちを売り場で実践していくための五大指針です。これらはすべて企業理念の実現に向けて従業員の行動原則として必要な指針であり、わかりやすく表記するため『カプセル』というパッケージにして、全従業員に発信しています。

現在、日本が人口減少にある中で、地域も企業も目標を見失いがちです。今までの大量生産・大量消費というビジネスモデルから転換を図り、今日の社会ニーズに合った新しい価値を提供していくこと、それが企業が継続して発展していくための基本条件です。そのためには、従来の「物」に依存する発想から、地域を支えるための「付加価値の高いサービス」（医療・生活・介護）を提供していく発想へ思考や行動を変容し、地域が困っている問題を解決する努力をしていくべきだと考えています。その具体例として、一部の地域では、農家の収穫をお手伝いしたりする、そんな事例もあります。

●カプセル

2018年9月に宣言されたウエルシアホールディングス従業員における「クレド」ともいうべき指針。四つのウエルシアモデル、五大サービス、そして行動原則をパッケージとしてまとめたもので、社員・従業員に向けて継続的に発信している。

社員への啓発としては、名札ケースに入る冊子を配布するほか、カプセルの意味や意義をまとめたメッセージDVDや、事例をまとめてマンガにして店舗に配布。さらに社内報でも具体的な事例や本部メッセージが共有されるなど、さまざまなチャネルを通じて、従業員にとって行動指針となる価値観の共有が進められている。

従業員にこうした思考や行動の変容を求めるのは、これからのドラッグストアに必要になってくるからです。ただ必要な商品を提供するのではなく、お客様の多様なニーズに合わせ「暮らしを応援していく」という新しい提案をしていくことが大切になってきます。

私は、決して売上だけが店舗の価値ではないと思っています。もちろん、売上が少なく、社員や地域への貢献も実現しないのでは困りますが、収益が高いからよい企業であるとも考えていません。地域に住んでいる人の役に立つために、私たちは事業を行っているということです。それがまさに、私たちが目指すビジョン「生活のプラットフォームになる〜専門総合店舗の実現」ということであり、そのビジョンを実現するための四大方針であり、五大サービスの推進なのです。

「会社がどうありたいか」と「従業員がどう生きたいか」、この二つが一致すると店舗は非常に大きな力を発揮することができます。

そこで、会社の「思い」と従業員の「生き様」「思い」を一つにまとめたものが『カプセル』です。今後、従業員の中で『カプセル』に対する理解や浸透がさらに高まっていくように、発信を続けていきたいと考えています。地域の方々に貢献する企業となるためにも、従業員には会社と同じ価値観を共有してもらいたいと願っています。

《モバイルファーマシー》地域貢献の一つのかたち

2016年の熊本地震では、大分、広島、和歌山の各県薬剤師会の「モバイルファーマシー」（災害時医薬品供給車両）が初めて活動し、避難所等でスムーズな医薬品供給ができたと聞いています。

そこで当社では2017年、岐阜県において岐阜薬科大学と連携して「モバイルファーマシー」を導入しました。これは東日本大震災を教訓に宮城県薬剤師会が開発したもので、車内

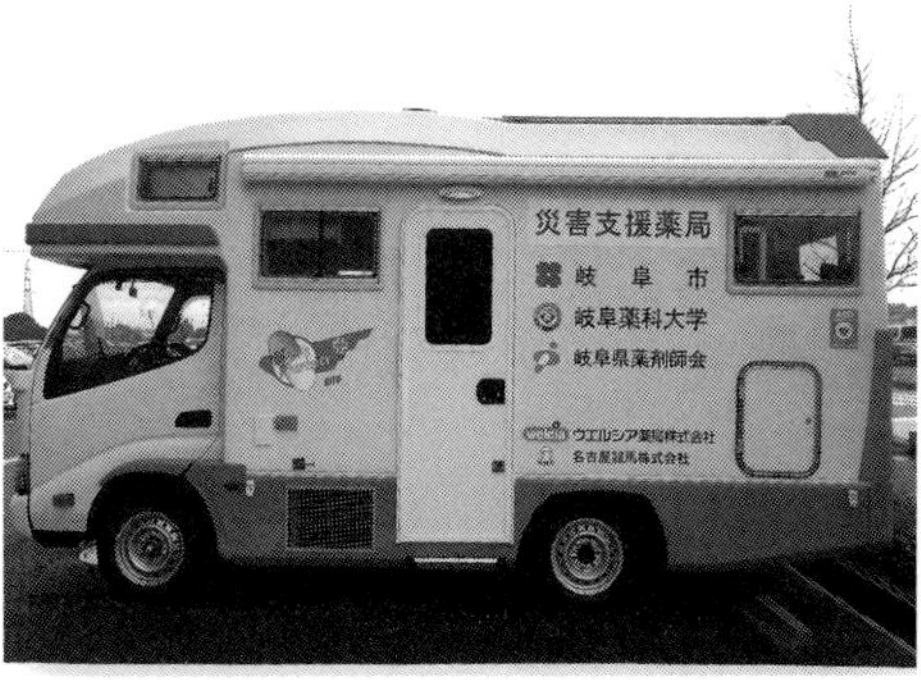

モバイルファーマシー

●モバイルファーマシー

現在の薬機法（医薬品医療機器等法）では、薬局には住所が必要であると規定され、同時に薬剤師法で、調剤は薬剤師のみが行うことができると規定されている。一方で、災害時の例外規定も定められており、災害時には薬局以外でも災害処方箋に基づいた調剤ができることになっている。

に調剤棚、散剤分包機、水剤調剤設備、冷蔵庫などの調剤機能を備えた移動車両です。

岐阜薬科大学のモバイルファーマシーの導入は、大学としては初めてであり、災害時に備えつつ、平時の臨床薬学教育や地域における健康相談会などでの活用、災害医療や地域医療に強い薬剤師の養成などに、この車両を活用しています。

また、岐阜県での導入に続き、2019年には八王子市にもモバイルファーマシーの提供を行い、東京薬科大学の教育に活用していただいています。

災害対応は、自治体が主体となって機動力をもって動くことが最も スピーディです。ウエルシアもそのスピードに対応するため、近隣店舗から物資支援するなどの協力体制を積極的に探っていきたいと考えています。

非常時あるいは過疎地における調剤業務の提供は、地域貢献を目指す当社にとって、避けることのできない大きなテーマです。法的な規制など、問題はいくつかありますが、ドラッグストアの地域貢献における一つのあり方として、モバイルファーマシーの運用および、過疎地の医療について有識者と話し合いを続けています。

《認知症サポーター》
地域の患者さん、家族を支えるために

店頭で、認知症の方、あるいは家族の方にお会いした際に、少しでも関連する知識を身につけておけば、適切なお客様対応ができますし、それが従業員自身の大きな成長にもつながるのではないでしょうか。

ウエルシアでは10年ほど前から、「認知症サポーター養成講座」をスタートさせています。講師役となるキャラバンメイトは、社内在籍者とともに、地域のキャラバンメイトと連携しながら、年間およそ800人の認知症サポーターを輩出しています。

わが社では新入社員研修時には必ず「認知症サポーター養成講座」を行っていますが、一度学んだだけではなかなか身につくものではありません。そこで、研修を終えて店舗に配属された後、あるいは成長して店長となった後にも定期的に研修を重ねていて、今ではほぼ全店舗に認知症サポーターが配属されています。

認知症サポーターは店舗でさまざまな企画を行うとともに、地域の中で連携を築いていくことを目的に、地域のキャラバンメイトを講師に招くこともあります。

例えば、ウエルカフェ（後述）を使って、認知症サポーター養成講座を開催する際に、当社のキャラバンメイトがコーディネーターとして行政とのやり取りを担当し、講師は地域のキャラバンメイトに務めていただきます。このような連携は、地域の認知症患者さんや家族を支えるためのネットワークづくりに生かすことができます。

参加していただいた地域の方には、認知症サポーター養成講座を通じて、ウエルカフェを新たな学びの場として活用していただきます。これはウエルシアが目指す方向性を知ってもらうことにつながるものです。地域のキャラバンメイトの方とも認知症対応の事例などを話すことができ、互いに良好な関係を築くことができます。

認知症サポーターを数多く養成したからといって、それがそのまま店舗の売上に結びついていくものではありません。けれども、この取り組みが地域の皆様の安心につながるだろうと考え、これからも積極的に展開していきます。

●認知症サポーター

認知症サポーターとは、認知症についての知識を正しく理解したうえで、患者本人や家族に対して、生活の中で困っていることを見かけた際に、声をかけるなど温かな視線と態度で見守り、可能な範囲で手助けをする人のことを言う。認知症サポーターは目印として、オレンジリングをつけて活動している。

ウエルシアでは認知症患者やその家族が安心して来店できるよう、全店に認知症サポーターを2名以上配置することを目指している。

「みんなで『認知症』を理解し、支えあう地域をつくりましょう」という方針の下、店舗でも近隣住民を対象に参加費無料の認知症サポーター養成講座を開催。患者さんや家族を「温かく見守る応援者」の育成に努めている。

《ライフリー・カウンセラー》

介護に関する悩み・要望を引き出す

超高齢社会に突入した日本は、老人介護施設では入居待ちが発生し、在宅介護を行う家庭が増加するという大変な問題を抱えています。在宅介護で介護者がいちばん困っていることの一つに「排泄ケア」があり、日々介護に携わる中で、待ったなしの課題と言えます。

ライフリー・カウンセラーとはユニ・チャーム株式会社がつくった民間資格です。ウエルシアでは、メーカーが開発した排泄ケアプログラムを5時間受講し、さらに認定テストに合格した従業員がライフリー・カウンセラーとして活動しています。

介護に力を注いできた寺島薬局がウエルシアに加わったとき、私たちはこれからのドラッグストアの役割について考えを新たにしました。それは今後、地域の中で健康ステーションとしての機能を発揮していくためには、介護に力を入れていかなければならないということです。中でも、排泄、紙おむつ、さらには健常者でも多くの方が抱える悩みである軽い尿もれに対して、正しい商品知識を持ち、対処法などの相談に応えられる体制を築くことが大切だと考えました。

おむつに関しては、じつはカウンセリングが非常に重要な商品なのです。介護を必

●ライフリー・カウンセラー

ライフリー・カウンセラーは、排泄ケア、とりわけ紙おむつについての正しい知識と技術を習得し、在宅介護の排泄ケアに悩む来店客の相談を受け、被介護者の体の状態に合った正しい紙おむつ（外側のおむつ＝アウター）を推奨できる能力を有する民間資格である。

バッジをつけた従業員が売り場や薬局にいることで、おむつや尿とりパッドに関する相談を促しやすいのと同時に、化粧品販売や処方箋調剤など、他のカテゴリーでのカウンセリング時に、お客様から発せられた介護に関する悩みも、最適な商品の選定や使用法の理解が難しい排泄関連商品においても、ライフリー・カウンセラーが請け負うことで、スムーズなカウンセリング販売を実現している。

要とする患者さん一人ひとり、体格や体調、体質は異なります。適切な介護を行うためには、それぞれの状態に適した紙おむつや尿とりパッドを使用することが大切です。

ところが、おむつの相談は、誰に何を聞けばいいのかよくわからないものです。また、自分で商品を見ようと思っても、商品説明の文字は小さく、必要な情報がどこに書いてあるのか、自分に該当しているのかもわかりにくく、困っているお客様が少なからずいらっしゃいます。

そこで、お客様がカウンセリングで化粧品を購入する際に、介護についてもフォローするようにしました。通常、化粧品のカウンセリングでは、お客様の情報を台帳に書き込みながら話を進めるのですが、その際に「ちょっと困ってるのよね」とお客様からおむつの相談があれば、そこにライフリー・カウンセラーが貢献する機会が生まれてきます。

また、5年前からは、当社の松本忠久社長（ウエルシア薬局社長）の発案で、調剤事務員も相談応需に加わるようになりました。処方箋を持ってくる患者さんからおむつの相談を受けるケースも多かったのです。

こうした介護に関するお客様の要望に応える仕組みづくりは、これからももっと拡充していかなければならないと考えています。そのためには、従業員が学ばなければならないことも数多くあります。私たちの介護に対する取り組みは、ますます大きなものになっていくでしょう。

《管理栄養士リーダー》食事の面から健康支援に貢献する

2008年、寺島薬局と合併したときには、介護だけではなく「管理栄養士も育てていこう」と方針を新たにしました。

なぜそんなことを始めたのかというと、介護事業をやっていく中で、介護を必要とする高齢者の日常生活支援として、食事量の減少や低栄養から引き起こされる疾患の問題など、栄養が要介護者の健康に直結していると考えたからです。また、健康な方でも栄養への関心が高いことから、疾病予防において地域の人の役に立つことがドラッグストアの役割であり、大きな差別化になると感じました。

そこで、店頭で食事バランスが崩れた方にサプリメントを提案したり、介護を受けている方への食事・献立を提案することを目標に、管理栄養士の採用を開始しました。今では約300人の管理栄養士が当社で活躍しています。

ただし、当初は管理栄養士にどのように活躍してもらうかについて系統立てた仕組みづくりができていませんでした。そのため店舗ごとに場当たり的な役割を担っていたにすぎず、彼らの専門性が発揮されていないことが大きな課題でした。

その課題を解決するために始めたのが「管理栄養士プロジェクト」です。2018年に3か年計画でスタートしました。管理栄養士の専門性を職務として確立することで、他社の店舗との差別化を図るのが目的です。

プロジェクトメンバーは、初年度に女子栄養大学（本部・東京都豊島区）において専門知識をブラッシュアップし、店舗での実践活動を経験した後、2年目の2019年に、各支社・営業統括本部に「管理栄養士リーダー」として新たに配置されました。今後は、支社内を中心に活躍してもらう予定ですが、ウエルカフェなどのイベントでの講師役を務めるなど、管理栄養士がモチベーションを高められるような土壌づくりを少しずつ行っていきたいと思っています。

現在、地域で活動している管理栄養士がほかの管理栄養士に伝承しているという段階で、より大きな流れを生み出す活動を模索しているところです。さらに管理栄養士が活躍できるフィールドが広がれば、ウエルシアの価値もますます高まっていくだろうと期待しています。

●管理栄養士の活動

各支社・営業統括本部において管理栄養士リーダーとして、事業立案や社内管理栄養士に対する講師役などを務めてもらいながら、拠点店舗で「お薬・栄養相談コーナー」を設置し、来店客を対象に栄養相談のプロフェッショナルとして活動中。今後は拠点店舗を中心に「管理栄養士による訴求力が強い商品の販促やPBの開発」「ウエルカフェ活動」「特定保健指導」といった三つの柱を中心にさらに活動の幅を広げていく予定である。

《日本橋「B・B・ON」》
訪れるだけでワクワクできる店

「B・B・ON」（ビビオン）1号店は、ドラッグストアの既成概念に縛られない、調剤と美容を融合させた全く新しい業態の店舗をつくろうという発想で、2016年に東京・日本橋でスタートしました。

当時は都市型店舗も増えつつあり、今までの既存店舗とは異なり、都心部の中心地に場所を構え、併設した調剤室とともに24時間営業でオープンしました。

既存のウエルシアの店舗では、百貨店にあるような化粧品ブランドの取り扱いに限界があります。しかし、お客様に最高の美しさを提供する店舗を実現するには、その壁を乗り越えなければなりません。

B・B・ONのお客様の層は、今までのウエルシアとは異なり、近隣にお勤めの方だけではなく、百貨店に買い物に来られた方や美容に対して意識の高い方です。そういう客層のお客様に立ち寄っていただき、私たちも「トータルな美」を提供していく

●「B・B・ON」

2016年6月に日本橋交差点にオープンしたシティ型店舗。「健康的な美しさをカラダの内と外の両方からサポートする」というコンセプトを掲げ、業態の垣根を越えた化粧品のラインナップだけではなく、健康食品や医薬品の品揃えにも力を注いでいる。さらに24時間営業で調剤も併設することで、日本橋エリアで働く方々の健康にも大いに貢献している。

これまでのドラッグストアにないラグジュアリー感やワクワク感の実現を目指し、従来の店舗では展開できなかったラグジュアリーブランド、オーガニックブランドを積極的に陳列。近隣のオフィスワーカー向けの食品やストッキングなどの衣料品も揃え、シンプルな空間レイアウトを生かした店内装飾で、従来のドラッグストアにあった雑多な印象を廃し、近隣のホテルに滞在する観光客などの需要も掘り起こしている。

店内にはネイルコーナー「ビビオンネイル」や歯のセルフホワイトニングコーナーが設置され、物販のみならず「体験店舗」としての価値も提供。買物客だけではなくファッション感度の高いユーザーの利用頻度も高い。

ために力を注いでいます。また、化粧品などのカウンセリングだけではなく、同時にサプリメントなどのカウンセリングも行い、お客様一人ひとりにマッチした提案を行うことで、Ｂ・Ｂ・ＯＮのテーマでもある「美と健康の融合」を目指しています。さらに、調剤を併設することで、それぞれの専門性をさらに高いレベルで提供できる店舗を実現しました。

　お客様が店舗を訪れるだけでワクワクできるような空間を実現しようと考え、ロンドン、パリ、ニューヨークでも通用する店づくりを目指しています。

第4章

地域・大学・企業とコラボする

《静岡県島田市との包括連携協定》長寿商品で地域貢献を

私たちは、ウエルシアがその製品を販売することにより生産者さんが潤うようなビジネスも推し進めていきたいと考えています。製品を購入していただくお客様だけではなく、生産者の活力を通じて地域の活性化を実現させていきたいと思うからです。

ウエルシアが商品を販売するとなれば、その数量は決して少なくなく、原材料もある程度の量を使うことになります。ウエルシアを通じて当該商品が売れてくれれば、原料や製品の生産量も上がり、生産者に潤いが生まれることになるでしょう。

島田市が行っている「島田市緑茶化計画」の一環として、当社と横浜薬科大学が共同で開発した緑茶チョコレートなどの商品も、そうした地域連携の試みの一つです。島田市の人口は約10万人ですが、当社が緑茶チョコレートを販売し、「島田市＝緑茶」のイメージを推進していけば、大きな地域貢献になっていくでしょう。

地域貢献というのは、国家施策にもかかわる大きな事業だと思っています。しか

◎島田市・横浜薬科大学との共同商品開発

「島田市緑茶化計画」とは、全国的に品質を高く評価されている同市の緑茶に焦点を当て、プロジェクトのロゴである「緑茶グリーン」を使いながら、その個性や魅力をピーアールしていこうという取り組み。

ウエルシアでは2017年春に「芳醇 GREEN TEA CHOCOLATE」を発売。チョコレートには、島田市で製造されている緑茶粉末が使われている。これは通常の茶葉を粉末にしたものではない。緑茶の製造工程で機械の内部にどうしても茶葉の粉末が残ってしまうが、これまでは肥料や飼料として利用されてきた。この副産物を利活用したものである。

その他、島田市とウエルシアでは、ほうじ茶チョコ、川根抹茶を利用したアイスクリーム、パウンドケーキ、緑茶割り（缶チューハイ）を発売するなど、多角的な商品を展開。さらに人口減少と高齢化が進む山間地域では、公民館を利用して週に1回、ウエルシア薬局の出張所を開設し、身近な施設で気軽な買い物を楽しんでもらう機会を提供するなど、さまざまな連携を実現している。

し、このような商品が恒常的に販売されるようになるのは簡単なことではありません。一過性のプロモーションになってしまいがちです。製品の寿命は短いので、放っておいたら1年で人気がなくなりダメになっていくかもしれません。

そこで私は、「製品づくりの憲法」が必要だと思っています。これについては後述しますが、憲法がなければ、担当者が変わるたびに製品のあり方がブレてしまいます。それを防ぐために、「少なくともこれとこれは外さない」ということを定め、それに沿った製品づくりを続けていくのです。

その憲法を基盤としながら、お客様とともに商品の中身も少しずつブラッシュアップさせ、その時代に合った価値あるものに変えていくのです。そうすれば10年間売れ続ける商品になるし、そうなれば地域の役にも立つことでしょう。きちんと製品づくりの憲法に則ってリニューアルを重ねていくことで、生産者の皆様や地域に貢献できる長寿製品を生み出していけるようになるだろうと考えています。

《PB商品の開発》

自社ブランド　三つの柱とストーリー性のある商品開発

ウエルシア自社ブランド商品の開発は、単なる安価な商品の提供ではありません。私たちが考えるのは「ストーリー性のある商品開発」です。言い方を換えれば、お客様に届ける意味のある商品を私たち自身が開発し、販売することを大切にしているということです。その際に重視している点が三つあります。

❶お客様の健康維持に貢献できる商品の開発

私たちはあくまで健康と美容に貢献する業態であるドラッグストアですから、自社が開発する商品はやはり健康維持に貢献できるものということが大きなポイントになります。また同時に、SDGs(Sustainable Development Goals　持続可能な開発目標)の視点から、環境に配慮した商品の開発も進めています。

❷ 高齢者を意識した商品の開発

高齢化が進んだ今日では、お客様の多くが高齢者の方々です。そこで当社では原材料や産地などにこだわり、高齢のお客様が安心して買うことができる商品づくりに取り組んでいます。

❸ 安心・安全を担保する検査体制の充実

❶❷を実現するために、産官学の連携を図り、地方自治体や学校法人の監修指導を受けるとともに、イオングループの検査機関による商品チェックを行い、安全な商品開発を進めています。

お客様が一番欲しているものは「安心」だと考えています。安心できる商品を手軽に提供することは、私たちドラッグストアにしかできないことです。スーパーマーケットやコンビニエンスストアには難しいかもしれません。ドラッグストアだからこそできる、ウエルシアだからこそ開発できる、ストーリー性を持った商品の開発を進めています。

《イヴ・ロシェ》

環境保護にも資するコスメブランド

「イヴ・ロシェ」はフランスでナンバーワンのビューティケアブランドで、世界中の約90か国で販売されており、アジアで進出していなかったのは日本だけでした。55ヘクタールものオーガニック自社農園を持ち、約200人の植物学者、科学者が植物成分の研究をしているナチュラル&オーガニックコスメです。イオングループが、より安心して使用できる高品質な商品を手頃な価格帯で販売していきたいと考え、日本国内での独占販売権を獲得しています。

当社も地域や環境保護のために全社で取り組む中、イヴ・ロシェのお客様に安心できる製品を提供するという方針に強く共感し、国内販売会社に資本参加して、積極的に取り扱うことにしました。

これまで話してきたように、ウエルシアでは「何でも売れればいい」という考え方はありません。環境に配慮したものづくりというメーカーの思想の下、安心できる化粧品を使って美しくなりたいというお客様の目線に立ち、私たちも共感できるということで「イヴ・ロシェ」の販売に乗り出したのです。

そのため、販売員には、商品をただ棚に並べるだけではなく、このブランドがどういうものかということを学習・理解し、その哲学の下に販売していくことを求めています。具体的にはブランド担当者が店舗を巡回しながら、パートタイマーを含めて研修を行っています。各エリア担当者も首都圏で研修を受講しており、今後もその機会をどんどん拡大していく予定です。これまでの研修会の話を聞くと、参加した従業員は、商品そのものはもちろん、ブランド哲学やものづくりの姿勢にも強く共感してくれているようです。

女性をより美しくするための化粧品であり、環境保護にも貢献しているブランドですので、これからも若い女性ファンの来店動機の形成という点も含めて、積極的にアピールしていきたいと考えています。

◎イヴ・ロシェ

有機栽培された植物を使うなど、天然由来の原料にこだわった化粧品を提供しているイヴ・ロシェは、1959年にフランスのブルターニュ地方で創業された。

1000円前後から購入可能という手頃な価格も特徴で、フランスはもとより世界中の若い世代を中心に人気を獲得している。ナチュラル&オーガニックコスメのジャンルは、世界的に需要が高まっている成長分野であり、日本国内の市場シェアはおよそ5%であるが、今後オーガニック先進国並の10%程度まで伸長していくことが予想される。

本来、ナチュラルコスメとオーガニックコスメは別のものであり、オーガニック製法でつくられているものがオーガニックコスメ、天然成分を配合したものがナチュラルコスメと定義される。だが、現在の国内市場ではさまざまな品質のものが出回っており、定義もマチマチである。イヴ・ロシェは天然成分を高配合しており、その配合比率は平均90%以上で、高品質なナチュラルコスメとして評価されている。

《ウエルカフェ》
商品販売とは全く逆の発想で

2015年から設置を開始したウエルカフェは、現在270店舗ほどの店舗内に併設されています。第一義的にはシンプルに「地域交流の場」と位置づけ、地域の井戸端会議の場となっています。しかし、本当はもう一つ目的があります。それは、ウエルカフェが地域のハブとなることで、社員を育成するというものです。

売り場でのウエルシアとお客様の関係は、ウエルシアが美容と健康ジャンルの多種多様な商品を用意する ➡ お客様にその商品を買っていただく、という構図です。そこではあくまでも商品・サー

ウエルカフェでの地域交流
「メイクアップ講座」

ビスが接点になっています。

ウエルカフェは全く逆の発想で考えています。つまり、お客様がこの場所を使いた

◎ウエルカフェの取り組み

ウエルカフェはウエルシア薬局における「販売しないスペース」だ。地域住民に「休息の場」「井戸端会議の場」を提供し、同時に店舗や行政からの「情報発信の場」としての機能も果たすフリースペースである。

店舗内にある営利的要素を一切排除し、市町村、社会福祉協議会、地域包括支援センター、自治会など、公共性の高い組織、団体、グループそして個人に自由に活用してもらい、地域住民が自分たちの目的に照らした活動を行うことができるスペースとなっている。

今後、地域社会の諸課題を解決する場＝地域協働「コミュニティ」スペースとして全国各地に開設し、健康増進・介護予防・介護相談・買い物支援・交流サロン・子育て支援・見守り・地域清掃・防犯防災・サークル活動など、多種多様な用途を通じて、ウエルカフェは明るく元気な国と地域づくりをサポートしていく予定だ。

いという状況を作り出すことがウエルカフェの目的であり、そのための楽しいイベントやサービスを企画し、実現できる社員を育成する場でもあるのです。商品の販売は副次的なものです。

ウエルカフェの取り組みについては、社員向けの会報などあらゆる場で情報を共有するようにしています。

地域の特性や住民の皆様の嗜好、そこで働く社員の考え方など、さまざまな要素でウエルカフェの取り組みは変わってきます。実際にウエルカフェを設けた店舗の従業員の中には、住民の困り事、あるいは地域の情報や資源を聞くことで、地域に積極的に関わるようになったと感じている者も多く、少しずつ意識改革や行動変容につな

ウエルカフェ「熱中症対策講座」

がっているように思います。

ウエルシアが出店している地域は多種多様です。店舗の数だけ地域特性があり、地域資源も異なります。身近な交流の場として、ウエルカフェを上手に活用して、地域の方々の希望をかなえることができるようになれば、それは最高の社員育成になるのです。

ウエルカフェの活用事例

ウエルカフェの使われ方は一様ではありません。各地域、各店舗で地域の方々のニーズや目的も違います。そこで、そのいくつかの事例を担当した社員のレポートで見ていくことにしましょう。

●スムーズな介護相談の実現――ウエルシア介護サービス所長

先日、ウエルカフェにおいてドラッグストアと介護サービス共同で「健康相談会」を開催しました。以前から2か月に一度程度のペースで定期的に開催しており、栄養士の講義を中心に、骨強度、貧血、ストレスなどの健康チェックと栄養相談を行い、一人ずつ健康状態をチェックしたうえで、ケアマネジャーである私が介護の相談も受けています。また地域のシルバーリハビリ体操指導士会の方にも加わっていただいて、体操の指導も行っています。

日頃、「介護相談」と称して個別に相談会を行っても、なかなかお客様に立ち寄っていただくのは難しいのが実状でしたが、健康チェック、栄養相談のアンケート項目に介護の相談項目を設けることで、測定から介護相談へスムーズに誘導することができました。回数を重ねることによって、相談件数も増加し、お客様からは「相談してよかった」「次回はいつ？」などのうれしい声もいただくようになりました。

こうした連携が行えるのはグループ内にさまざまな専門職の人がいるからこそだと思います。今後もウエルカフェ活動を継続して、地域の方々の健康や介護に貢献していきたいと考えています。

●ニコニコかかし教室――ウエルシア薬局（山梨県）店長

当店では月2回、店舗近くの大学生や地域の大人により、主に小学生を対象とした学習支援のボランティア活動が行われています。活動のタイトル「ニコニコかかし教室」は、この活動を行うNPO法人がかかしを制作し、近隣に配置していることから名付けられたものです。

教室には毎回5～6人の小学生、ときには中学生も参加し、大学や専門学校の学生ボランティアをはじめ、大学の先生、町会議員の方などが学習を支援しています。

この教室のことは、地域の小学校に配布されるチラシや地元のケーブルテレビ局で紹介されていて、それで知った親御さんがお子さんを連れてきたり、中には子どもが自発的に参加するケースもあります。子どもたちは宿題や教えてもらいたい科目の教材を持ち寄り、学習を支援してもらうだけではなく、合間におやつを食べながら先生とゲームに興じるなどして交流を深めています。

先生役のボランティアの学生たちも、子どもたちとの交流という貴重な機会を楽しんでいるようで、また教室の実施にあたってはさまざまな細かな配慮もしてくださっていて、場所を提供する側としても非常に感謝しています。

この教室を理想のかたちにしていくには、まだまだ多くのハードルを越えていかなければなりませんが、子どもたちへの学習支援とさらなる健全な育成のために、何らかのお手伝いをしていければと考えています。

●認知症カフェ「入れ歯の話」――ウエルシア薬局（宮城県）店長

２０１８年にオープンした当店では、その翌年に地元の地域包括支援センターとの共催によるカフェシリーズを発足しました。

第1回目のテーマは店舗の薬剤師による『薬の話』です。知っておくべき薬の話として、服用方法や服用のタイミング、飲み忘れ防止のための「一包化」や「おくすりカレンダー」などについて説明しました。

その3か月後には第2回を開催し、テーマは『口腔ケア（入れ歯）の話』でした。入れ歯安定剤メーカーの担当者に協力していただき、約1時間にわたって、口腔ケアのポイント、よく起きるトラブルと正しいケアの仕方、入れ歯のお世話にならないための予防法など、日頃なかなか聞く機会のない話を幅広く聞かせていただきました。

パソコンを活用して画像を多く用いて、わかりやすく、また楽しくお話しいただき、参加者からも時折笑い声が聞こえるほど楽しいサロンにすることができました。

また、当店の薬剤師からも口腔ケアや入れ歯に関する薬の話、さらに地域包括支援センター担当者からは関連する質問などが繰り出され、メーカーの協力もあり、非常に内容の濃い勉強会を実施することができました。

当店では、こうした共催カフェシリーズだけではなく、「ずぼら飯サロン」も定期的に開催し、多方面と連携しながら地域とのマッチングを模索しつつ、入りやすい店舗としてお客様に親しんでいただくことを目指しています。

今後は健康や栄養に関することばかりではなく、地域の防犯協会やＮＰＯとの交流を図り、さらに地域に溶け込み、子どもから高齢者まで安心して来店していただける拠点となれるように努力を重ねていきたいと思っていますし、少しずつそうした評価もいただけているように感じています。

●ずぼら飯サロン――ウエルシア薬局（埼玉県）管理栄養士

ちょっと手抜きをしても、おいしくいただける料理を意味する「ずぼら飯」に由来する「ずぼら飯サロン」は、栄養が偏った食生活を送りがちな独居シニアが増加傾向にある中で、栄養バランスを確保した食事を意識していただくために、地元行政や社会福祉協議会、地域包括支援センター、そして当薬局が共同で企画運営する井戸端サロンです。

２０１７年10月から毎月第2木曜日に開催し、開催回数はすでに数十回に及んでいます。参加人数も徐々に増えて、最近では10人ほどのお客様が参加し、常連のお客様もいらっしゃいます。

実際の運営については、基本的に管理栄養士である私が担当していますが、時には当社グループの近隣施設にいる訪問看護師の方やウエルシア薬局本部の地域推進部のスタッフにサポートしてもらうこともあります。

サロンの内容は、健康維持・増進のための食事や栄養に関する「ミニ講座」と、栄養バランスのよい簡単レシピ「ずぼら飯」の紹介で構成されています。

ミニ講座では季節に関する話題や、要望の多かったテーマを取り上げ、質問やクイズなどを織り込みながら、参加者に楽しんでいただきかつ有益な栄養知識を伝えることを心がけています。また、「ずぼら飯」のレシピは、各家庭で通常使われている食材や調味料を用いて、調理工程が簡単で、包丁を使わずに済むようなもの、レンジだけで調理可能なものなど、ふだん調理をしない方でもチャレンジしやすいものを紹介しています。

サロンでは紹介したレシピで実際に料理をつくり、感想を語り合っていただき、時には食わず嫌いであった食材もサロンでのおしゃべりがきっかけで食べられるようになったという声や、家庭で調理する際にサロンでの話を思い出し栄養に注意するようになったとの声を聞くことが多くなってきました。

参加者の皆様の食に対する意識が向上していることを感じ、ドラッグストアに勤務する管理栄養士として非常にやりがいがあります。

《地域包括支援センター》
社員から出た意見でスタート

ウエルシアでは、埼玉県白岡市からの委託を受け、地域包括支援センターを運営しています。白岡市はさいたま市の少し北にある人口約5万人のまちです。

この取り組みは、会社として「地域包括支援センターもやらなくては」といった企業経営的な「べき論」から開始したのではありません。じつは薬剤師と地域の連携について取り組んでいる、当社の地域連携推進担当の女性社員の「地域を支える活動を進めましょう」という提案を受けて実現したものです。

当時、国と厚生労働省は医療・介護保険制度の中で「地域包括ケアシステムの構築」という政策を掲げており、「健康サポート薬局」や「かかりつけ薬剤師」制度の導入などにも着手しつつありました。

白岡市とウエルシアとは、この話がある以前から、市の敬老会や各種の健康相談会などで関わりがあり、白岡市とウエルシアホールディングスが地域包括ケアの構築に向けた協定を交わすなど、とてもよいパイプができていたのも幸いでした。

収益性を考えれば、社内的には〝躊躇する〟案件でした。しかし、ウエルシアモデルでは「介護」がその大きな柱の一つであり、在宅部門と介護部門の積極的な展開を考えていたことから、「全社的に取り組む」社内決定をし、提案を受け入れました。

そのような経緯で、たまたま運よくご縁があり、2017年4月からセンターの運営を行っています。

困り事や不安を受け止める場

日本中に7000か所以上ある地域包括支援センターは、直営が3割、委託が7割で、近年では委託が増えています。委託法人の構成としては、社会福祉法人、社会福祉協議会、医療法人で9割を占め、民間企業は委託法人全体の2%に過ぎません。

つまり、地域包括支援センターのほとんどは、行政または社会福祉法人などが運営している施設などに設置されています。そのため、地域の人は「病気や介護が必要になってから行くところ」というイメージを抱きがちです。もちろん、病気や介護が必要なときにも重要な相談場所です。しかし、家庭内での虐待や認知症患者の徘徊、ごみ屋敷、さらには後見人の問題など、地域包括支援センターの利用事情は多岐にわたります。

ウエルシアでは、民間企業が運営する地域包括支援センターであることを活かし、地域のさまざまな困り事や不安を解決していく場を目指し、建物はドラッグストアとは別棟の独立型の地域包括支援センターとしました。

地域包括支援センターの運営は、健康を支えるための相談場所として非常に大きな責務を負うことに加え、日々の運営面でも難しい点があります。それは、医療や介護の専門職を集めなければならないという点です。地域包括支援センターには社会福祉士、主任ケアマネジャー、保健師（または看護師）の三つの専門職が必要です。優秀な人材をいかに集めていくかというところは大変ですが、それでも地域に目を向けることはとても大切なことです。今後も地域のために持続的な運営を行うことができるようなセンターを目指して努力しているところです。

ドラッグストアと連携しているからこその信頼

白岡市で当社が運営している地域包括支援センターは、ウエルシア白岡店に隣接して設置している「ウエルシアハウス」に併設されています。2階が地域包括支援センター、1階がウエルシアハウスで、地域の方が利用できる交流スペースになっています。敷地内にあるウエルシアで買い物をし、ウエルシアハウスで悩みや不安を相談して帰っていく。こんな流れが地域の評判となり、専門職のもとに集《つど》える場となりました。現在では月に500～600人くらいが利用しています。

埼玉県もこのような活発な状況を注目しており、2019年度からは、県の補助事業で「栄養

ウエルシアハウス

ゼミナール」がスタートしました。地域の人を集めて栄養教室を開講し、その受講生たちがいずれ地域の公民館や空き家を使って「地域食堂」を開けるように、3か年計画で人材育成を行う予定です。

隣接する店舗の売上もよく、処方箋枚数も伸びています。ドラッグストアと地域包括支援センターのコラボレーションには、未来の可能性を強く感じていますし、自治体や台湾からの視察もあり、全国的、国際的に注目されつつあります。私たちの取り組みは国が進めている地域包括支援センターのモデルケースになるかもしれません。

ドラッグストアと地域包括支援センターの連携で目を引くのは、なんと言ってもさまざまな健康情報が身近にあるということです。地域で生活している高齢者は、医療や薬だけで生活しているわけではありません。彼らがいちばん求めているのは、「健康を維持するための適切な情報」です。困り事の相談や、病院・介護施設の紹介ということ以上に、日常的な生活支援情報を必要としているのです。

「しあわせなまちづくりをお手伝い」のコンセプトを軸に、今後も地域住民に寄り添った場としての機能を発揮していきたいと思っています。

◎ウエルシアハウス――「しあわせなまちづくりをお手伝い」

正式名称「白岡市地域包括支援センター　ウエルシアハウス」は、地域包括支援センターという公的活動とウエルシアハウスという企業の活動が融合した機能を持っている。高齢者だけではなく、健康な方も障がいのある方も、みんなが健康に暮らしていけるようにという考え方の下で運営されている。ウエルシアでは、元気な人が元気に暮らし続けると同時に、そうした人々が、助けが必要な人たちを支える街づくりを支援しようと、生活と暮らしを支える企業としての特性を生かし、2017年から地域包括支援センターの運営を開始した。

地域包括支援センターでは、高齢者の困り事の相談所としての機能を果たしている。昨今、時代は高齢者だけにとどまらず、障がい者や子育ての問題までに広がっている。これらを社会福祉士、主任ケアマネジャー、保健師（または看護師）の三つの専門職が地域の他職種と連携して、さまざまな業務を行っている。

ウエルシアハウス独自の取り組みとして、地域の方々が主体となった健康イベントの開催を積極的に支援しており、「シニア料理教室」や「こども食堂」、地域の中小企業家同友会が主催する「ほわいとカフェ」などを定期的に開催し、健康を維持した生活に貢献できる内容が数多く展開されている。

こうしたイベントで人間関係が構築され、交流が広がり、孤独にならない環境が醸成されていくことも、ウエルシアハウスが果たしている役割の一つとなっている。

シニア料理教室

こども食堂

ほわいとカフェ

さまざまな企業の特徴ある地域包括支援センターを

地域包括ケアシステムを進めるには、医療・介護・福祉・行政の連携が必要だといわれています。現在は、それぞれの窓口業務や住民が集まる場所をどのように組み合わせていけばいいかを模索しているところで、なかなかうまくいっていない状況もあります。そこには行政の縦割りが壁になっています。

医療、介護、予防に住まいと生活支援が入った「地域包括ケアシステム」を構築する場所として地域包括支援センターを考えた場合、今後はもっと生活に密着している企業の運営を期待したいところです。例えば、自動車ディーラー、銀行などがそれを担い、それぞれの企業が特徴のある地域包括支援センターになっていくことが可能になるのではないでしょうか。

「白岡市地域包括支援センター　ウエルシアハウス」というネーミングですが、全国に数ある地域包括支援センターで民間企業の社名が入ったものは、ここだけではないかと思っています。こうした社名が入った地域包括支援センターができれば、それぞれの企業が社名をかけて地域貢献することになりますし、民間企業が参入すれば多様性が生まれます。

今後ますます増加する医療・介護の財源を考えたとき、企業努力でセンターが運営できるようになれば、まさに一挙両得でもあるでしょう。将来的にはトヨタや日産などの名前のついたものができるかもしれませんし、ぜひそうなってほしいと思っています。

そして最も肝心なことは、私たちの商取引と一緒で、いつでも、だれもが、身近に、気軽に利用できる、そんな生活者に寄り添うセンターのあり方が求められていると感じています。

第5章

誇り高き企業集団を目指す

目標はセブン‐イレブン

ドラッグストアには、それぞれ自分たちでビジネスモデルを築き上げた素晴らしい企業が数多くあります。マツモトキヨシやサンドラッグなどもそうです。しかし、私たちはそうした企業を目標には置きません。なぜなら、それらの企業は同業者だからです。同業を目標にしてしまえば、それ以上になることができません。目標を置くならば別のところに置かなければなりません。

例えば、国内で時価総額ナンバーワン企業のトヨタを目標にするというのはどうでしょうか。業種は異なりますが、参考にできる点があるかもしれません。さすがに自動車メーカーと私たちでは行っていることが違いすぎて、社員も「そんなバカな」と思うでしょう。しかし、最近のトヨタの宣伝は「車を売る」というイメージから、「人の移動を支える」モビリティというフレーズに変わっています。よい車をつくることは当たり前であり、そのうえ、なお他社の追随を許さない「企業理念」があると謳っています。

では、われわれウエルシアやドラッグストアは、何を旗印にすべきでしょうか？未来の小売業は、「売る」ことと同時に、何を実現する企業体なのでしょうか。同業者同士の競争ではなく、足元をすくい合うような関係でもなく、もっと未来が明るくなるようなものがあるはずです。少なくとも、その理念が私たちのウエルシアを今日の姿にした原動力でした。

そこで小売業の私たちとして、目標の一つとなるビジネスモデルがセブン—イレブンだと考えています。

店づくりの裏側にあるもの

セブン—イレブンで、最も私たちの目に止まるのはその店舗です。あの狭い店舗にぎっしり多様な機能を詰め込んでいます。とても太刀打ちできません。コンビニがそれまで「誰も思いもしなかったことを実現し、人々の暮らしを変えた」ということは大きな流通革命と言えるでしょう。

私たちも「誰も考えもつかなかったドラッグストア」を考えなければなりません。

今のドラッグストアは商品販売業です。これからはそうではなく、物が動いてはいるのだけれど、商品が動く前に情報が動いている、そんな仕事の仕方に変わっていくことで飛躍的な変革が起こるはずです。

セブン―イレブンはおそらく、企業規模が小さな頃から他社にはできないこと、思いつかないことの実現を目指して努力してきたのでしょう。ウエルシアはまだ小さな企業ですから、今からでも十分間に合うと思います。間に合うのだから、頑張ってやっていこうと思います。

「それをやる」と決めなければ前に進んでいくことはできません。そして、やる以上は、苦しんでも自前でやっていきます。そうすれば、苦しんだ分だけ、それがいつか自分たちの得意なものに変わっていくのです。

地域が潤うものは何か

商品開発でもそうです。お客様に受け入れられるものとそうでないものは、〝思い〟の強さが違います。ナショナルブランドをただ真似するだけではなく、苦しくても、お客様のために自分たちの手でよいものをつくろうと思って開発した商品は、顧客に受け入れてもらえます。軸をブレさせずに、自前でやることが大切です。

私たちも、セブン―イレブンやナショナルブランドの商品を真似するのではなく、自前でやる方針です。そのためには多様な地域資源を活用したいし、地域と組んでやっていこうと思っています。

例えば、茨城県の名産サツマイモと組んで何かをつくるのなら、どういうものがよいのか。当社が販売することで、生産者や地域が潤うようなものでなければなりません。そういう商品開発をしたいと考えています。

ウエルシアは小さな企業とはいえ、商品をつくって売るとなれば、相当量の原料を使います。だから地域の活性化を支えられる商品を開発しなければならないし、一時的なものではなく、それを継続することが大切です。そうすれば、小さな町であれば生産量が上がり、地域全体が潤うことになるのではないでしょうか。

商品開発には「憲法」が必要

地域の活性化は、地域づくり・国づくりのベースとなるものです。とても重要視されています。しかしながら、地域とコラボレーションをして、注目を集めるような商品をつくったとしても、ブームが一過性になりやすいのが懸念されるところです。

セブン―イレブンには、PB商品をリニューアルしながらやり続けていく強さがあります。一方で、私たちにはそこまでの強さがまだありませんから、商品開発における「憲法」のようなものがなければならないと考えていますし、開発部門の社員には「ウエルシア独自の憲法をつくれ」と話しています。

地域や他の企業とコラボした〝ものづくり〟では、関係する部門を横軸に通した「憲法」がなければ、それぞれの担当者の考え方やセンスによって商品づくりがブレてしまいます。「わが社の憲法」に沿ってつくっていくことで、少なくともこれは外さないというコアがはっきりしてきます。

商品というのはお客様とともに変わっていくものです。ずっと同じままでいいということはありません。「美味しければいい」「売れているから」現状のままでいいという発想に陥らないように、価値のあるものを常に変化させながら、味を変え、パッケージを変えて、常にブラッシュアップさせながらカイゼンを重ねていけば、10年間はもつロングセラー商品に育てていくことができます。

商品の寿命は短いものです。どんなに新鮮味があり、注目を集める商品でも、何もせずに1年も放っておいたら、すぐに人気も落ちていってしまうでしょう。「憲法」を定め、それに則りながら変化を重ね続けていくことが、一緒にコラボしていただく地域や企業の役に立つことになるのです。

金の卵を産み続けるニワトリになる

2014年4月、ウエルシアが年商3300億円のとき、ウエルシアから申し入れてイオンの子会社になりました。イオンは日本の小売業の圧倒的ナンバーワン企業です。また、イオンはご承知のとおりさまざまな小売業を営み、そのノウハウはたいへん貴重なものです。

なぜ子会社になりたかったか――。

ウエルシアが自分だけで成長するスピードと、イオンのノウハウを取り入れて成長するのとでは、明らかにスピードに差が出ます。イオンのノウハウを取り入れたからウエルシアは急成長を達成できたし、今後も成長の可能性を秘めているのです。

特にイオンのＰＢはさまざまなカテゴリーで素晴らしいものがあり、イオングループの成長には欠かすことができないものです。

また、最も重要なことは、イオンが大切にしている「社会を支える」という考え方です。中国やベトナム、カンボジアなどでの植樹活動や、東南アジアの学生を迎え入れて日本の大学で勉強の機会をつくるなど、わが国の小売業としては最も先進的な活動をしています。このようなイオンの姿勢は、ドラッグストアとしても重要な視点だと思うのです。

「何のためにドラッグストアを業としているのか？」と考えたとき、イオングループなら自由な営業活動が保証され、一人ひとりの社員を大切にする社風が醸成できると考えたのです。

ウエルシアはイオングループ300社の中で、最も信頼できる企業を目指していま す。そして「金の卵を産み続けるニワトリ」として輝き続ける決意でいます。

ウエルシアは高給取りが多い？

ウエルシアの社員は高給取りが多いという話を聞くことがあります。高い報酬は労働の対価としてとても大切なことであると同時に、従業員の満足度が上がり、さらに自らの労働価値を高め、自発的な学びを深めていくための対価になっていきます。

従業員の年収・財産が増加する要因の一つに、通常の賞与込み年収もありますが、わが社には「従業員持ち株制度」という仕組みがあり、従業員が持ち株会に加盟することで、給与天引きで株を買うことができます。

この制度には会社で8％の補助をしています。加えて「従業員持株ＥＳＯＰ信託制度」を導入し、従業員の財産形成を支援しています。今の時代、8％補助はありえないと言われますが、いちばん大切な従業員への分配には、高すぎるという言葉は当てはまらないと思っています。

わが社では、表面的なことより、実質的に従業員の財産形成を支援する体制を整え、さらに拡充することを考え、実践しているのです。従業員満足とお客様満足を一致させる——それがわが社のモットーなのです。

ここでいう従業員満足とは、自らが満足できるところまで成長することで、自信をもってお客様の満足度を高め、お互いの満足度を一致させていく姿勢を意味します。さらに、日頃の業務を積み重ねることで自分の能力を引き出し、お客様のためになる多くのよい経験を通じて、自己実現を可能にしていくことだと思っています。

ウエルシアには専門性のある人がたくさん在籍しています。その多くの専門家がお客様の問題解決を担っているのですから、生産性も高くなります。そして、資産形成も含めた従業員満足度を高めることができます。その結果、財産形成のスピードが速くなるのです。

介護離職ゼロを目指して

昨今、「働き方改革」が叫ばれています。わが社でも従業員がいきいきと働ける環境づくりをどんどん推進しようと考えています。

よりよい就労環境を実現するには、シフト体系の構築や休暇取得、従業員の声が通りやすい風通しのいい職場づくりといった視点が必要です。さらに今後、介護に関する問題も決して避けて通ることができない課題の一つです。

私は、従業員の介護離職をゼロにしたいと考えています。現状、介護は女性にかかる負担が特に大きくなっています。そのため、介護離職はそのまま女性の離職につながっていきます。

ウエルシアにとって、女性も男性も性別に関係なく大切な人材ですから、女性にばかり介護負担がかかり、女性離職が増えるという状況は何としても食い止めたいのです。家族が介護を必要とする状況を望んでいる人はいませんし、離職して積極的に介護をしたいと思っている人もいません。現実として、介護せざるをえない状況が発生するので、仕方なしに会社を辞めることになるのです。

もちろん、介護を必要とする家族のそばにいてあげることは大切です。しかし、24時間介護し続ける状況がどれだけ大変なことか。

会社に愚痴をこぼしに来ればいい

私は介護で離職しようとしている社員には「会社に愚痴をこぼしに来なさい」と話しかけ、少しでもいいので会社とのつながりを維持してもらおうと思っています。また、会社と従業員の関係は、そうあるべきだと考えています。

ただ実際は、どこか日本人特有の考え方があるようで、「会社に迷惑をかけてしまうので」と辞めていく人がいるのも現実です。

けれど、そんなことはないのです。ほんの少しでいい、会社とのつながりを維持したまま、愚痴をこぼしに出社して、また家に帰ればいいのです。そうすることで、介護を続けるエネルギーも湧いてくるだろうと思っています。

ウエルシアの一員でいること、労働するということには、決して時間の条件があるわけではありません。私たちの仲間としてお客様に貢献するために大切なのは仕事の「質」ですから、短時間の勤務であってもよいのです。

私は、家庭で介護に向き合う従業員に、「今度、会社に来るまでに、こんなことをやってみよう、といったことを考えながら介護をすると長続きしますよ」という話をしています。とにかく頑張って会社にも出てこいと言うのではなく、従業員と悩みや苦しみを共有することで、介護にともなうメンタル面の負担が軽減されると思うからです。

また、プライベートの介護と仕事を両立させるために、個々のライフステージに合わせて、社員とパートの立場を選択できるような試みも進めています。社員とパートの立場には、労働時間以外の部分ではそれほど違いがありませんから、短時間しか働けない場合はパートにしているというだけの話です。肩書きや立場よりも、一人ひとりが労働時間を自由に選択でき、介護に押しつぶされずに自由に働き方を選べる環境づくりが大切です。それを整備するのが私の仕事だと思っています。

会社は働くところだという考え方だけにとどまらず、会社は元気になるところ、生活を楽しくするところというふうに意識を変えていきたいものです。

士農工商の「商」であるけれども

私は、ウエルシアという企業グループを、そこに所属している全員にとって、誇りを抱けるような企業にしたいと考えています。従業員の私生活の課題である介護をできるだけ支えられる会社にするということもその一環です。

以前、ある企業の方とお会いした際に、「国はまだ士農工商だと思っている」という話になりました。士農工商の順でいえば、私たち商人はいちばん後ろです。その証拠に、国はいまだに商人は黙って何でも言うことを聞いていればいいんだと思っている……という話です。消費税の問題でもそう。軽減税率のような政策をあれこれ入れ込んだ挙げ句、負担はすべて小売りに押しつける。人気取りのために私たちの作業が二転三転する……という話をしていました。

私たち小売業者は、お客様に最も近い場所でビジネスを行っています。お客様の声、すなわち国民の声は私たちには届いているけれど、その声を伝える私たちの声は国には届かない。したがって、国には国民であるお客様の声が届くわけもなく、国の政策は小売りを苦しめるものになっているのかもしれません。

これからも士農工商の「商」として振り回され続ける状況が続くのであれば、政策を変えることはできなくても、せめて私たち自身がもっと頑張って、お客様にとってストレスなく納得して買い物をしていただける環境をつくらなければいけません。

小売業者として、「こんな会社がやっているお店だから、ここで買いたいよね」と言っていただける店づくりができるように努力しています。

シャネルを買うつもりで来る店に——「ウエルシアで買いたい」

私は、100円の飴をシャネルと同じように価値あるものとしてお客様に提案し、その価値を認めてもらうことで、「ウエルシアに行くときにはいい服装で行こう」——そういう店舗になりたいと思っています。

自宅の近所にある安売りスーパーのお客様の姿を見ると、つっかけ、サンダル、ジャージ姿が目立ちます。一方、士農工商の会話を交わした方のスーパーには、サンダル、ジャージ姿のお客様はいません。同じ商品を売っている、同じスーパーマーケットという業態なのに、片方はサンダル、ジャージ姿、もう片方はきちんとした服装をしたお客様が来店しているのです。口紅をつけ、きちんとした服装をしたお客様も大勢います。私は、ウエルシアもそうなっていかないといけないと思っています。

きっとシャネルに行く人はもっと違うでしょう。ドラッグストアで販売している物は医薬品や化粧品、食品が中心で、高級アクセサリーなどとは異なりますが、できれば、シャネルを買うつもりで来店してもらえるような店でありたいし、それに見合った接客をこれからも追求していきたいと考えています。

人はシャネルの店へ行くとき、自分はシャネルしか使わないといった面差しで行くことでしょう。その店にふさわしい高貴さや高潔さを感じられる服装や態度を装い、その価値を求めて店を訪れます。人の内面には、服装や態度などを気にせず、気楽に生活したいという側面や、高級ブランド店のように自らの佇まいも律して店を訪れたいという側面など、生活シーンやイメージ、さらには対象となる店の個性に合わせて、多彩な心情が存在しています。

お客様が高貴な気持ちを抱きながら訪れるような店であれば、そこで働く人たちも

「自分たちも、その思いに応えるために頑張ろう」と、自分の会社や仕事に誇りをもって仕事に臨むようになるでしょう。

私たちは、地域の人々の健康や美容を支えていく仕事をするにあたって、そんなふうに誇り高き商人像を求めていかなければなりません。そうすることで、お客様に「ウエルシアで買いたいよね」と思ってもらえるようになるのです。

この店で頑張ることがお客様の幸せになる

誇り高い店になること、それは「お客様の期待を裏切らない」「お客様を豊かにする」、この二つの思いにつねに真摯に向き合っていくことだと考えています。

こうした思いを抱える従業員の集まりが店であり、その店の集まりが企業となります。単に商品を販売して稼ぐビジネスではなく、購入して利用した後に「よかった！」とお客様に思っていただけることが私たちのビジネスの基本です。

一人ひとりが、自分はこういう会社をつくるための構成員なんだという思いを抱いていなければ、私たちはいつまでも士農工商の四番手として振り回され続けることになります。

従業員が「この会社で頑張り続けることがお客様にとっても幸せなことなんだ」と感じられること。「お客様の幸せをサポートするために、自分はこの仕事を頑張れているんだ」という喜びを日々感じながら仕事ができること。そういう思いをすべての従業員が共有できれば、素晴らしい会社が生まれるのではないでしょうか。

このような考え方は、決して新しいものではありません。古い言葉でいえば「商人道」の意識を持ちなさいということです。商人として、お客様に寄り添い、お客様の喜びを追求する商人道を求めていく。従業員全員にその気持ちを共有してほしいのです。不易流行——つねにその道を追い求めていくのです。

誇りを持てる会社にするために

わが社では、従業員が会社に対して誇りを抱いてくれるようにするために、さまざまな試みをすでに開始しています。一人ひとりのスタッフが誇りを持ち、自慢できる会社であるためには何が大切なのか——。

私は、この会社に所属していることが満足につながっていくために、何が大切なのかということをずっと考えています。「お金が大切だ」という人もいるかもしれませんが、お金だけでは満足度は高まっていかないと思います。

例えば、店舗の売上。売上はよいけれど、従業員の態度を見ていると、きちんと挨拶をするということすらできていない。それでは会社への誇りも何もありません。こういう態度をどうすれば変えていくことができるでしょう。従業員一人ひとりに心を入れ替えてもらうためには、やはり自分たちが世の中の役に立っている、社会に貢献しているんだと実感してもらうことが大切です。そのためには、会社として行動を起こさなければダメだろうという思いがありました。

そんな折り、たまたまＡＥＤ（自動体外式除細動器）導入の話が持ち上がり、全店舗設置導入を目指し、その取り組みをスタートさせました。この話が出たとき、ＡＥＤについて勉強してみたのですが、率直に言って「けっこう金がかかるな」と思いました。それは事実ですが、そこは目をつむり、社会貢献を推進していくということでスタートしたのです。

機種選定にあたっては、さまざまなメーカーの製品を検討しました。割安なものもありましたが、日々の商品販売の中で高い信頼を得ているオムロン社のものを導入しようと決めました。地域社会のために設置するのであれば、製品に対してもこだわりを持つことが自分たちへの誇りにつながるのではないか、と考えています。

ＡＥＤを設置すればよいわけではない

ＡＥＤを購入し、設置するだけでは何の役にも立ちません。いざという時にきちんと正しく活用できるように、各地で勉強会を開き、しっかりと練習を積んでもらいました。それも、ただメーカーの担当者の話を聞くだけではなく、自分たちの足で消防署へ出向き、そこでしっかりと研修を受けてから店舗スタッフへの講習会を開くという流れを繰り返しました。そういう場所に出向くのが億劫な人もいましたが、地域への貢献を大切にするからには消防署との連携も大切なのです。

こうしてスタートしたＡＥＤの導入ですが、緊急でＡＥＤを使わなければならないというケースが年間30件くらい発生しています。おそらく民間の企業でこんなに

ＡＥＤを使用しているところはないでしょう。

ＡＥＤの設置やメンテナンスには年間数億円のコストがかかります。ちなみに、バッテリーは5年しかもちませんから、定期的に交換しています。

ＡＥＤの講習会は、近隣の人に来てもらい、ウエルカフェで開くこともあります。ＡＥＤが有効なのは救急車が到着するまでの8分間です。その8分の間にウエルシアに飛び込んできてもらって、ＡＥＤを使って蘇生してもらいたい。だから、近隣の人たちにも従業員と同じように、この装置を使ってもらえるようになる必要があるのです。

ウエルシアは24時間営業の店舗をはじめ、長時間営業を行ってい

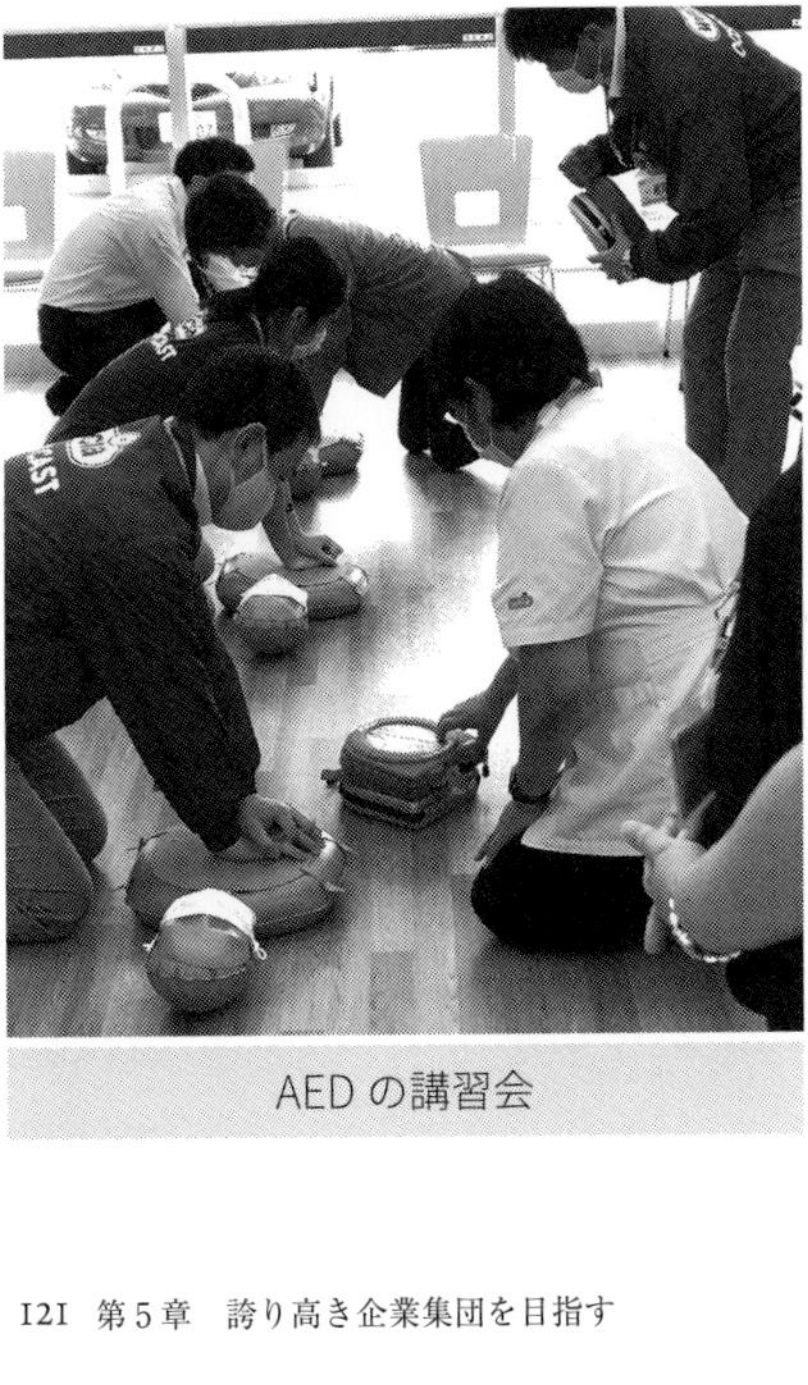

AEDの講習会

ますから、いざという時にも開いている可能性が高いわけです。いざ緊急の際に、社員が使うにしても近隣の人が使うにしても、スムーズに使用できるようにしておくことが大切です。

ＡＥＤがあるからといって売上につながることはありませんし、来店客の数が増えるわけではありません。ＡＥＤを設置したのは、社員のプライドを保つ意味もあるのです。もちろん、いざという時に患者さんの命を救うことが第一の目的ですが、それは結果であって、まずはＡＥＤがここにあり、自分たちはいざという時にこれを使えるんだというプライドを持たせることに価値があると考えています。こうした安全・安心を提供することで、そこで働く人たちが誇りを持てるようになれば素晴らしいことです。

ＡＥＤの設置は一例ですが、従業員が誇りを持てる会社であり続けるためには、こうした他社にはない独自の付加価値を模索していかなければなりませんし、従業員にはつねにそういう機会を提供していかなければならないと思っています。

社員の発案で設置したオストメイト対応トイレ

オストメイト（人工肛門保有者・人工膀胱保有者）対応トイレの導入も、ＡＥＤと同様、社員に誇りを持ってもらうための活動の一環です。

オストメイトというのは、病気や事故などで消化管や尿管が損なわれたため、腹部にストーマと呼ばれる排泄のための人工開口部を増設した人のことです。そうした人が出先でトイレに行く際には、排泄物を処理するだけでなく、装具の交換や装着、ストーマ周辺部分の清拭や洗浄、衣服等の洗濯、使用済み用具の廃棄などができる専用の設備があるトイレが望ましいのです。

以前、市役所で、オストメイト対応のトイレはありますかと尋ねたことがあります。「あります」という答えはあったのですが、どこにあるかと聞くと、「確か…どこかに1か所か2か所あったと思うのですが…」という曖昧な返事です。結局、どこにあるかわかりませんでした。

そのような状況を考えると、もし自分や家族がストーマを増設し、オストメイト対応のトイレを探そうとなったとき、すぐに見つからなければ不安になってしまいます。

ウエルシアでは、社員の発案でオストメイト対応トイレの設置を行い、現時点で全店舗の8割近くに導入しています。オストメイト型トイレはストーマ使用者用のトイレですが、健常者にもオストメイトのことを理解してもらうことが大切だと思っています。

「明日はわが身」――ウエルシアならストーマをつけていても安心ですよとお伝えしたいのです。

従業員も同様です。うちの店舗にはオストメイト対応のトイレがある。だから仮に家族が大腸がんになってストーマをつけるようになっても、家族に胸を張って「自分の店にはそういう設備がある」と伝えられる。そのことが社員の教育になり、誇りにつながると考えています。

人は、今は元気であってもいつ病気になるかわからず、オストメイトとして暮らすようになるかもしれません。だからこそ、ウエルシアはトイレに困る人が多いという社会問題を解決できる会社であることを示したいと思い、既存のトイレをオストメイト対応に交換していきました。このコストは設備投資だとは考えていません。社会貢献としての機器設置費用だけでなく、教育投資にもなっているのです。店舗のトイレのことですから、オストメイトのことは、その意味を従業員全員が共有しています。その教育効果はじつに素晴らしいものです。

誇りを持てる会社にするためには、こうした活動だけで十分だとは全く考えていません。わが社の従業員はＡＥＤやオストメイトのことを学べる環境にいる。まず、そうしたことで少しでも会社に誇りを持ってほしい。私は、これからも同じような取り組みを続けていこうと考えています。

持続可能な社会の発展に向けて

ウエルシアでは、国連サミットで採択されたＳＤＧｓ（Sustainable Development Goals　持続可能な開発目標）の達成に向けて、さまざまな取り組みを進めています。

例えば、低炭素社会の実現に向け、２０００年に業界に先駆けてお客様にエコバッグの利用を促進するとともに、店舗屋上への太陽光パネルや店舗照明のＬＥＤへの切り替えなど再生可能エネルギーの利用を積極的に進めています。また、利益の１％相当の額を拠出し、地域の環境保全活動、社会貢献活動をサポートする「イオン1%クラブ」への参加や、定年の延長や柔軟な勤務形態の導入などを通じたダイバーシティ（多様性）の実現なども、そうした理念に基づく行動の一環です。

私たちは、AEDを設置し、トイレをオストメイト対応に改修したからそれでよし、SDGsを意識しているから大丈夫だと考えることは全くありません。今後も従業員教育を何度も繰り返し、地域や社会に貢献できる店づくり、会社づくりを進め、従業員一人ひとりに、もっと誇りを抱いてもらえる企業となれるように、これからもさまざまなことに向き合っていきたいと考えています。

環境問題は私たちが最も関心を寄せている分野です。買い物袋の削減、紙ストロー、食品ロス、貧困の問題など、ウエルシアは数々の問題に全力で取り組んでいきます。

第6章

我以外、皆我が師なり

頂上を目指せども

さまざまなビジネス、それぞれの企業において、あるべき理想の姿、ここが商売の頂点という場所があるかと思います。私たちがいる小売業にも頂上はあると考えています。しかし、なかなか到達することができません。もしウエルシアの立つ位置が1メートル上がれば、頂上も1メートル高くなっている。今はそんなイメージで、努力を重ねれば重ねるほど、目指すべき理想も高いものになっていきます。

もっとも、私たちは必ずしも頂上に立つ必要はないのかもしれません。頂上には誰がいるのか、何があるのか、どんな世界なのか。そんなことを空想しながら、頂上を目指すことで、もっと素晴らしい生活空間をお客様に提供できるんだと思い、仕事に向き合っているわけですから。

ゴールを富士山に例えるなら、今、自分たちはどこまで登ってきたのかと考えると、つねに道半ばです。六合目まで来たかなと思っていても、まだ五合目だったりします。思っている以上に、まだまだやれることがある。それが小売業だし、それがウエルシアの姿勢です。頂上は見えているけれど、なかなか届かない。だからこそ、やることがあり、変えなければいけないこともある。そうすることでもっとお客様に近づくことができる。そんなふうに思っています。

この思いは経営者が一方的に思い描く感覚的な理想像などではありません。実際にそうなのです。まだまだやっていないことのほうが多いのです。

ウエルシアは地域に密着しているという話をしてきましたが、それでも実際にやれていることはまだわずかです。地域を守っているなんて、口にするのもおこがましいと思いながら、それでもできることをやっているだけですから、もっとやれることはたくさんあるわけです。それを集め、次から次へと実行に移して、自分たちの手で自分たちの目指す姿を実現させていく。それこそが頂上に向かって歩みを進めるということであり、従業員一人ひとりが胸に誇りを抱くことで、そういう気概のある企業体質になってくればいいなと思っています。

どんな人からも学ぶことがある

私自身、よりよい仕事、よりよい未来に向けて、さまざまなことを日々考えます。私は「我以外皆我師（我以外、皆我が師なり）」という言葉を非常に大切にしています。『宮本武蔵』を著した吉川英治がよく用いた言葉です。武蔵自身が残した言葉であるとも伝えられています。

尊敬している人物はと問われれば、私は宮本武蔵を挙げます。おつうという想いを寄せる女性がありながら、剣の道に邁進していく武蔵に、シンパシーを感じています。そして「我以外皆我師」という言葉を思い返し、あらためて、どんな人からも学ぶことは多いのだと確信しています。周囲のさまざまな人々から教わることの一つひとつが、自分の血となり肉となっているのですから、私もできる限りたくさんの人に血や肉を注いでいきたい。

小さな子どもから「おじさん、ダメだよ」と言われることがないように、あるいは、そう言われたら「たしかに子どもの言うとおりだな」と素直に聞くような、そんな人間であり続けたいと思っています。どんな人でも私の先生なんだと、そんな気持ちをずっと抱き続けていきます。

変化に対応できるリーダーが必要

どんな人にも長所短所があるものです。前向きになれる人、修正力がある人は長所が目立ちますし、意地ばかり張っている人は短所が前に出てしまい、生きづらい状況になってしまうかもしれません。

激動の時代になるといわれていますが、そうなると、長所短所にこだわりすぎず、意地を張らず、つねに変わっていける人でなければ、人々を引っ張っていくことは難しくなるでしょう。

時代が激しく動くのは、決して今だけのことではありません。明日も、明後日もきっと激動の中にあります。もはやそれが当たり前であり、時代というのは元に戻らないもの、そこにとどまらないものなのです。

短い時間に時代が激しく変化していく。だからこそリーダーは、その瞬間瞬間に対応できる能力や考えを持たなければ、時代の動きについていけなくなってしまいます。時代の激しい動きに対応し、変化し続けられるリーダーとは、それだけの情熱を持った人でなければならないでしょう。

これからの時代のリーダーは、事なかれ主義ではなく、相手が目上であれ目下であれ、どんな人に対してもぶつかっていけるような、素直で実直な人物が望まれます。例えば、社長や幹部として、部下に「どうしたんだよ」と声をかけられるような人が適しているのではないでしょうか。今こそ、そういう人材が重要視される時代だと思います。

変わらなければならない小売業、薬局

今、社会では「ウィズ・コロナ」「アフター・コロナ」の生活スタイルが模索されていますが、実際のところ、それがどのようなものになるのかはまだ誰も答えを持っていません。明確な答えはありませんが、こうした大きな変化が起こると、「これまで変えられなかったことが変えられるようになる」ことは確かです。

ウエルシアの社内においてもそうでした。4年ほど前、ある内勤の女性に子どもが産まれた際、「わざわざ会社に来て仕事をすることはないから自宅で仕事をしなさい」と伝えたことがあります。それなのに、彼女はすぐに会社に出てきてしまう。なぜ自宅で仕事ができないのかを尋ねると「家にいるとダラダラしてしまう」というのです。ならば、自宅からいちばん近い店舗の空きスペースを使って仕事をしたらどうかというと、それでは店のスタッフの邪魔をしているようで何か落ち着かないという。

かつてはそんなやり取りがあったのですが、これがコロナの影響で「会社に来るな」というと、一変して、皆、素直に家で仕事をするようになりました。

商品の価値が見直される時代に

そうせざるをえない状況になれば、人は変わっていくものなのです。だからウィズ・コロナ、アフター・コロナの時代になり、きっと世の中は変わっていくでしょう。まだはっきりとどんな世の中になるのかはわかりませんが、今までできなかったことができるようになっていくはずですし、これまでやっていたことで必要がなくなるものも出てくるでしょう。

私たちは変わっていかなければなりません。

商品の供給も、従来は生活用品といったカテゴリーの中では安心や安全、衛生という概念が大きくクローズアップされてきました。今後はこれがより大きくなり、衛生自体が一つのカテゴリーになっていくと思われます。そうだとすると、きっと売り場も変わっていくことでしょう。

当然、一朝一夕に何かがガラッと変わるというのではなく、人々の考え方が変わり、行動が変わり、さまざまなことが落ち着いていくのには数年かかるでしょう。今年になって、マスクという商品のあり方が大きく変わったように、さまざまな商品の価値が見直され、それまでは考えられなかったような新しい商品も生まれてくるはずです。

コロナ時代に合わせた店づくり

現在、コロナ禍で多くの人がマスクをしています。しかし、マスクで100パーセントの安全を担保されるわけではありません。コロナ禍で店頭からマスクが消えて大変なご迷惑をおかけしましたが、お客様がマスクの効用を信頼し、「マスクをつけているから少しは安心だよね」という人から人への口コミ伝達が経済循環を生み出し、今では専門家もマスクを推奨しています。多くの情報があふれかえっていますが、私たちはつねにお客様へ「正しい情報を提供できるよう全力で努力する」ということを意識していく必要があります。

これからは、今までできなかったことができるようになり、見えなかったものが見えるようになってきます。ウエルシアはそこに向かって挑戦していきたいと思っています。今なら何かを変えられる。それがウィズ・コロナ、アフター・コロナです。元の時代へ戻りたい、元へ戻そうという考えもありますが、一方で元に戻すな、戻れないという感覚もあります。つねに変化を恐れず、新しいものに挑戦していく会社の一員として、自分の暮らしも過ぎた時間を惜しむのではなく、新しい時代に向かって変化を恐れずにいたいと思っています。

店舗における具体的な変化でいえば、調剤ではオンライン診療の流れが加速し、それにともないファクスでの処方箋応需への機運が高まっています。店舗レイアウトに関しても、先ほどのカテゴリー変化を見据え、臨機応変に売り場を変更し、またOTC薬や化粧品の品揃えも、新しい時代に即したものに変化させていく必要があります。

私を含め誰もが「元に戻りたい」という気持ちを持ってはいますが、しかしコロナによる変化は一過性のものではない、必ず何らかの変化が起こると考えています。それに合わせ、ウエルシアの店づくりも変わることを恐れずに進歩していかなくてはなりません。

今後の大きな転換は、「モノから人へ」から、「人のつながり」や「コミュニティのあり方」など「人から人へ」の時代になると考えています。あるいはグローバルからローカルへの方向転換かもしれません。より大きな規模での集合体ではなく、対面での小さな関係性を大事にする、そんな時代が来るような気がしています。

おかげさまで多くの人と出会い、信頼をいただいてここまで歩んできました。時には重圧を感じながらも全力で邁進してきました。その私を身近で評価してくれているのが、ほかならぬ多くの従業員であり、日々足を運んでくださるお客様であると思っています。

これからも「本物を提供し続ける」ため、小売業の商人として私の好きな言葉でもある「全力」で歩み続けていきます。

あとがき――暮らしの中に「全力」を込めたい

埼玉県の小さなドラッグストアからスタートし、これまでずっと会社を経営してきました。日々の経営の中で時には綿密に計画を組んだこともありましたが、思いどおりになったことはありませんでした。

何かをする、何かを変えるという場面では、その場その場で自分の気持ちを〝全力〟でぶつけていくことで解決してきました。いろいろな問題が発生すればするほど、自分でそこに全力で向き合っていく、やれることは全力でやり尽くしてやるという気持ちで挑戦してきたつもりです。

しかし、私が全力でやったところで、実際は大したことができるものでもありません。そこで、私は自分の考えに賛成する人と反対する人、両方の意見を聞くようにしてきました。反対も賛成もなければ判断を間違える可能性があるからです。そして会社の規模が大きくなればなるほど、自分と違う意見は大切だと思っています。

だから人の話もよく聞いて、決して意地を張らず、ただし、こうだと信じるものを見つけたらその道を全力で進んでいく。できるかできないかが問題ではありません。全力でやれるかどうかが問題で、「判断基準は、誰が正しいかではなく、何が正しいか」だと言い聞かせてきました。

ウエルシア創業者の鈴木孝之さんとは酒を飲み交わしながら夜を徹して議論したものです。鈴木さんはよく言いました。

「社長は判断を間違える、だから違う意見がいるのだ」

創業から今日まで、20社以上の企業と合併してきました。多くの素晴らしい創業者の想いを重ね合わせて、会社も従業員も成長しました。特定の創業家の影響が全くなく、「次世代リーダー」が次々と生まれている今のウエルシアを誇りに思います。

令和の時代になり、新型コロナウイルスの影響で、社会経済はさらに混迷を深めていますが、私たちが大切にしている心は変わらず、暮らしの中に「全力」を込めていきたい、そんなふうに思っています。

今回ご縁があって、私自身が考え、実践してきたことをまとめる機会をいただきました。うまく伝えきれていない部分があったかもしれません。また、言葉足らずのせいで失礼な表現があったかもしれませんが、お許しいただきたいと思います。

本書が皆様の暮らしの一助になれば、うれしい限りです。

2020年10月吉日

池野 隆光

《著者紹介》

池野 隆光（いけの・たかみつ）

ウエルシアホールディングス株式会社代表取締役会長

1965年、大阪経済大学経済学部卒業。

1971年、池野ドラッグを開設。

2002年、合併により、㈱グリーンクロス・コア（現ウエルシア薬局㈱）取締役副社長商品本部長に就任。

2009年、寺島薬局㈱代表取締役社長。

2010年、ウエルシア関東㈱代表取締役社長。

2011年、ウエルシアホールディングス㈱副社長。2013年から同社代表取締役会長を務める。

2019年6月、日本チェーンドラッグストア協会会長に就任。

評言社 MIL 新書 Vol.003

差別化を以て戦わずして勝つ

2020 年 11 月 11 日　初版　第 1 刷　発行
2021 年　3 月 18 日　　　　第 2 刷　発行

著　　者　池野 隆光
発 行 者　安田 喜根
発 行 所　株式会社 評言社
　　　　　東京都千代田区神田小川町 2-3-13 M&C ビル 3F
　　　　　(〒101-0052)
　　　　　TEL 03-5280-2550（代表）　FAX 03-5280-2560
　　　　　https://www.hyogensha.co.jp
企画制作　株式会社 エニイクリエイティブ
　　　　　東京都新宿区四谷 1-3 望月ビル 3F（〒160-0004）
　　　　　TEL 03-3350-4657（代表）
　　　　　http://www.anycr.com
編集協力　安藤　崇
印　　刷　中央精版印刷 株式会社

ISBN978-4-8282-0715-5 C3234
定価はカバーに表示してあります。
落丁本・乱丁本の場合はお取り替えいたします。

評言社 MIL 新書発刊に際して

我が国の社会保障費は毎年過去最高を更新し、令和元年度は国民医療費43.6兆円、介護費11.7兆円に達した。高齢化と同時に進行している少子化により、現行の社会保障制度は「いずれ破綻するであろう」ことは、識者の指摘を待つまでもなく数式が明らかにしてくれるであろう。必然的に行財政のベクトルは社会保障費の圧縮に向かう。だが、事は人間の生命と尊厳にかかわることである。そうは簡単に縮減できないのも事実である。

この状況の中で、医療を提供するさまざまな業態（医師、歯科医師、薬剤師、看護師、保健師等の医療専門職。病院、クリニック、介護施設等のサービス提供機関。製薬会社、医療機器会社、検査会社、薬局、ドラッグストア等の企業。大学等の各種専門教育機関等）および、それらを有機的に結びつけ最良かつ効率的な社会システムを構築しようとする行政にとって、現在以上に社会経済環境が厳しくなることが明確な中で、よりよい方策を見出していくことは至難の業とも言える。

「未来は過去と現在のシステムの延長にある」とするのか、「未来は過去と現在のシステムの破壊的革新の先にある」とするのか、考え方は人それぞれである。だが、いずれの思考も、待ったなしで行動し進化していかなければよりよい未来は築けないであろう。これまでの有史がそうであったように、これからも人間がさまざまな環境変化の中で生き延びていくためには、進化は必須なのである。

本書では、医療関係の各分野のオピニオンリーダーに近未来を俯瞰していただき、読者の方々が進化を模索する際に、広大な原野の中の一つのマイルストーンとして読んでいただければと考えている。

※ MIL；Mission In Life

評言社 MIL 新書

001

CIPPS到来！業界大転換期を乗り切れ

薬局マネジメントを劇的にバージョンアップする

PHB Design㈱代表取締役社長
狭間 研至

COVID−19によって保険薬局業界に激震が走っている。すでにビジネスモデルとして終焉を迎えている現在、ウィズ・コロナ、アフター・コロナの時代にどう脱皮していくべきか —— その道筋を示した。

ISBN978-4-8282-0713-1 C3234 定価一〇〇〇円（税別）

002

薬剤師の村松さん

地域とコラボするカフェ＆薬局のカタチ

患医ねっと代表
鈴木 信行

著者自身が難病やがんを抱えており、患者の立場から日本の医療の在り方や問題点を指摘し続けてきた。これからの時代に地域の薬局はどのようにあるべきか —— カフェを併設した薬局の新しいカタチを物語風に解説した。

ISBN978-4-8282-0714-8 C3234 定価八〇〇円（税別）

003

差別化を以て戦わずして勝つ

誇り高き企業集団ウエルシアの挑戦

ウエルシアホールディングス㈱代表取締役会長
池野 隆光

ドラッグストア業界のリーディングカンパニーとして、業界の先陣を切って戦略展開してきた数々のチャレンジについて紹介するとともに、これからのドラッグストアのポジショニングについて語った。

SBN978-4-8282-0715-5 C3234 定価一〇〇〇円（税別）